Friederike Folkers

Der herrliche Reichtum dieses Geheimnisses

Friederike Folkers

Der herrliche Reichtum dieses Geheimnisses

Predigten aus den Jahren 2012 und 2013

Fromm Verlag

Imprint
Any brand names and product names mentioned in this book are subject to trademark, brand or patent protection and are trademarks or registered trademarks of their respective holders. The use of brand names, product names, common names, trade names, product descriptions etc. even without a particular marking in this work is in no way to be construed to mean that such names may be regarded as unrestricted in respect of trademark and brand protection legislation and could thus be used by anyone.

Publisher:
Fromm Verlag
is a trademark of
Dodo Books Indian Ocean Ltd. and OmniScriptum S.R.L publishing group

120 High Road, East Finchley, London, N2 9ED, United Kingdom
Str. Armeneasca 28/1, office 1, Chisinau MD-2012, Republic of Moldova, Europe
Printed at: see last page
ISBN: 978-3-8416-0537-5

Copyright © Friederike Folkers
Copyright © 2014 Dodo Books Indian Ocean Ltd. and OmniScriptum S.R.L publishing group

Inhaltsverzeichnis

VORWORT 3

VÄTERGESCHICHTEN 5

   Genesis 12,1-4a: Abraham zieht aus 5

   Genesis 23,23-32: Jakob kämpft 10

   Numeri 11,11-17.24.25: Mose ist am Ende 15

JESUSGESCHICHTEN 21

   Johannes 1,29-34: Jesu Taufe 21

   Johannes 7, 28.29: Jesu Selbstaussage 26

   Matthäus 9,9-13: Matthäus steht auf 31

   Matthäus 9,35-10,7: Die Ernte ist groß 36

   Lukas 22,31-34: Stärke deine Brüder 41

   Matthäus 6,5-13: Das Gebet im Kämmerlein 46

   Matthäus 13,44: Der Schatz im Acker 53

   Johannes 9,1-7: Heilung eines Blinden 1 58

   Markus 8,22-26: Heilung eines Blinden 2 63

   Johannes 5,1-16: Heilung eines Gelähmten 68

   Johannes 8,2-11: Vom Irrtum geheilt 74

   Lukas 7,36-50: Über die Liebe 79

   Johannes 17,1-8: Jesu Gebet 85

   Matthäus 27,33-54: Jesu Kreuzigung 91

PAULINISCHE DEUTUNGEN 97

   Kolosser 1,24-27: Christus in euch 97

1 Korinther 10,16.17: Gedeutetes Brot 102

Epheser 1,3-14: Dreieiniger Gott 107

Verzeichnis der Predigttexte 113

VORWORT

Ich widme dieses Buch meiner Lehrerin Ursula von Rad. Sie hat mir im Religionsunterricht am Gymnasium der Elisabeth-von-Thadden-Schule in Heidelberg die menschliche Vielfalt biblischer Texte nahegebracht und mich im Deutschunterricht gelehrt, wie man eine Geschichte interpretiert.

Im Studium damals war mit solcher Kunst der Interpretation nicht viel anzufangen – die historisch-kritische Methode hatte noch keinen Blick für die hohe Kunstfertigkeit der biblischen Texte und besonders der Evangelien. So tauchte ich, was Exegese anging, gewissermaßen unter und musste mich bei der Bibelkundeprüfung von einem leicht entgeisterten Oberkirchenrat beim Blick in mein Studienbuch fragen lassen: „Ich lese hier immer Philosophie, Systematik, Soziologie: Wann, junge Frau, haben Sie denn mal Neues Testament studiert?"

Die Frage war durchaus berechtigt, ich wurde trotzdem zum Vikariat zugelassen … und das Studium des Neuen Testaments kam mit dem Predigen. So kommt nicht nur der Glaube durch die Predigt, sondern auch das Studieren!

Der Glaube allerdings kam auch – die Gestalt Jesu Christi, das Rätsel des Kreuzes, die enorme Spannkraft der neutestamentlichen Erzählungen, auch die Anstrengung, bis ein Text „geknackt" und das Evangelium, die frohe Botschaft dann um so leuchtender zu Tage getreten war, das alles machte mir tiefen Eindruck und ließ meinen Glauben im Laufe der Jahre wachsen.

Die Predigten schrieb ich zunächst einmal für mich selbst. Das Evangelium war ja auch mir gesagt und auch ich war und bin bedürftig nach seiner lösenden, heilenden Kraft. Aber mir war bewusst, dass ich nichts erfinden muss, weil mir das Wort Gottes zugesagt ist, dass ich die Predigt nicht aus mir selbst schöpfen muss, sondern dass die Quelle der guten Gedanken der Predigttext selbst ist, dem ich „nur" zuzuhören und mein Hören in Worte zu fassen habe, damit er ausgelegt ist für mich, für die Gemeinde, für die Gegenwart.

Natürlich ist eine Predigt eigentlich und zuerst gesprochenes Wort in einem Gottesdienst. Im Buch gedruckt fehlt ihr das Umfeld des Gottesdienstes, des Kirchenraums, der Gemeinde, der Musik, der klingenden Sprache. Ihre Chance jetzt kann das eigene Eintauchen in ein biblisches Wort und seine Konzentration sein. Wenn die Predigt dazu führt, dass Hörer und Leserinnen selbst beginnen mit dem Predigttext ins Gespräch zu kommen und dabei Erkenntnisse für sich selbst gewinnen, dann hat sie ihren Zweck erfüllt.

Ich danke der Badischen Landeskirche für die Zeit des Kontaktstudiums im Sommersemester 2014, die es mir ermöglichte, diese Sammlung von Predigten aus den Jahren 2012 und 2013 zusammenzustellen.

Friederike Folkers im Sommer 2014

VÄTERGESCHICHTEN

Genesis 12,1-4a: Abraham zieht aus

Und der HERR sprach zu Abram: Geh aus deinem Vaterland und von deiner Verwandtschaft und aus deines Vaters Hause in ein Land, das ich dir zeigen will. Und ich will dich zum großen Volk machen und will dich segnen und dir einen großen Namen machen, und du sollst ein Segen sein. Ich will segnen, die dich segnen, und verfluchen, die dich verfluchen; und in dir sollen gesegnet werden alle Geschlechter auf Erden.
Da zog Abram aus, wie der HERR zu ihm gesagt hatte.

Liebe Gemeinde!
Abraham – das ist der Mann mit dem großen Ohr.
Denn Gott spricht zu ihm und Abraham hört. Aus der Tiefe unserer Glaubensgeschichte tritt er in unser Blickfeld und lässt uns mithören, was Gott zu ihm sagte: „Geh, du geh aus deinem Vaterland und aus deiner Familie und aus deinem Vaterhaus in ein Land, das ich dir zeigen werde."
Aufbruch also, Neuanfang.
Sind wir, wäre ich bereit, so etwas zu hören? Du, geh – geh fort von allem, was dir vertraut ist, in ein Land, das dir erst gezeigt werden wird?
Manche unter uns sind dabei, aufzubrechen. Manche ziehen aus der Gemeinde, aus Freiburg weg in eine andere Gegend, ein neues Umfeld, beginnen ein Studium, machen ein soziales Jahr im Ausland, fangen eine neue Arbeit an, oder ziehen ihrer Liebsten hinterher. Manche Menschen, viele, viel zu viele, sind aufgebrochen in ein unbekanntes Land, weil sie zu Hause nicht mehr leben können, politisch verfolgt werden, keine Lebensgrundlage haben – und viele von Ihnen haben viele Aufbrüche hinter sich, bevor Sie hierher kamen, manche dramatische und manchmal auch traumatische.

Was wir durch Abraham hören, ist der Ruf zum Aufbruch ins Unbekannte. Ganz neu wird das für Abraham dennoch nicht gewesen sein, denn er war ja ein Viehzüchter, ein umherschweifender Nomade, immer auf der Suche nach Weidegebieten und Wasser für seine Herden – dabei konnte man es durchaus zu etwas bringen, zu Knechten und Mägden, Frauen und Kindern, Ansehen und Gewicht. Normaler Alltag war das damals, den Abraham mit vielen teilte, ein entbehrungsreiches Leben, immer unterwegs. „Ein umherschweifender Aramäer war mein Vater" (Dtn 5,26b) heißt es in einem frühen Glaubensbekenntnis der Bibel.

Aber doch waren dieser Aufruf und Abrahams Aufbruch diesmal etwas anders. Abraham folgte nicht nur den Notwendigkeiten seines Hirtenlebens, dem Aufbauen und Abbrechen der Zelte, der Sorge für seine Tiere, der Verantwortung für seine Knechte und Mägde, dem Gespräch mit Sara, seiner Frau, da war noch etwas anderes. Eine andere Spur, ein anderer Ton, eine andere Suche. Abraham hörte auf Gott. Er hörte auf die Stimme, die seinem Umherziehen einen anderen Sinn gab, als den, dass er neue Weideplätze brauchte. Er hörte auf die Stimme, die ihm eine Bestimmung gab.

Das erste, was Abraham zu hören bekommt, ist: Geh! „Geh aus deinem Vaterland und aus deiner Verwandtschaft und aus deinem Vaterhaus in ein Land, das ich dir zeigen werde."

Gott zu hören hat sicherlich immer mit einem Aufbruch zu tun. Einem innerlichen oder einem äußerlichen, oder beidem. Der Aufbruch und das Verlassen der Heimat müssen sich ja nicht nur auf den Ort beziehen, in dem man lebt. Auch nicht nur auf die Menschen, von denen man herkommt oder mit denen man es sich eingerichtet hat. Es kann sich ja auch um einen politischen Ort, um eine Haltung, eine Einsicht, eine Ansicht handeln, kann sich auch auf ein Lassen von Gewohnheiten oder Gedanken beziehen, (was für einen Aufbruch musste Petrus wagen vom Fischer zum Menschenfischer), kann sich auf einen Aufbruch in der Gefühlswelt beziehen, der uns verändert, weg von

Gefühlen oder Gedanken, die nicht mehr nötig sind. Ich z.B. war früher ein eher schüchterner Mensch und wurde dazu erzogen nur zu reden, wenn ich gefragt werde – es war wie ein Aufbruch in Neuland, zu entdecken, dass ich von mir aus auf Menschen zugehen und reden kann, wann ich will. So gibt es viele Verhaltensweisen, die aus der Kindheit, von den Eltern her oder aus eigener Entscheidung früher vielleicht notwendig und richtig waren, heute uns aber am eigenen Leben hindern. Der durch Martin Buber berühmte chassidische Theologe Rabbi Sussja nennt so etwas „Trübung" und legt Gottes Wort an Abraham so aus: *„Zuvorderst geh aus deinem Land - aus der Trübung, die du selber dir angetan hast. Sodann aus deinem Geburtsort - aus der Trübung, die deine Mutter dir angetan hat. Danach aus deinem Vaterhaus - aus der Trübung, die dein Vater dir angetan hat. Nun erst vermagst du in das Land zu gehen, das ich dir zeigen werde."* (Martin Buber, Die Erzählungen der Chassidim, Zürich 1949 S.385) Diesen Aufruf können wir immer hören, auch wenn wir keine Nomaden sind, und ein Umzug oder eine totale Veränderung der Lebensverhältnisse nicht anstehen: Immer können wir weggehen aus den Trübungen, die uns angetan werden und die wir uns selbst antun.

Das Weggehen wird Folgen haben, die Gott Abraham ebenfalls hören lässt: „Ich will dich segnen... und du sollst ein Segen sein... und in dir sollen gesegnet sein alle Geschlechter auf Erden."

Ich will dich segnen. Segen ist die Folge des Aufbruchs. Wer von ihnen hat das erlebt, dass ein Aufbruch Segen zur Folge hatte? Dass Sie Ihre Heimat verlassen haben und gesegnet wurden im fremden Land? Dass Sie ihre alte Überzeugung verließen und Segen erfuhren mit neuen Einsichten? Segen ist im Alten Testament ja zunächst immer sichtbarer, materieller Segen, fette Weiden, viele Herden, Frauen und Kinder. Aber Segen ist mehr, Segen ist das Wissen, begleitet zu sein, dass Gott dabei ist, dass alles kein Zufall ist, sondern von Gott gewollt. Segen ist, dass die Dinge sich fügen; zu wissen, ich tue das, was meine Bestimmung ist, hier bin ich am richtigen Platz. Welcher Segen scheint auf, wenn wir aufbrechen aus den Trübungen, mit denen das Leben behaftet sein kann? Vielleicht so: der Aufbruch aus der Trübung von Einsamkeit und Isolation wird gesegnet sein durch neue Menschen in meinem Leben, die mich bereichern; der Aufbruch aus der Trübung des Vorwurfs: Schuld sind immer die anderen, wird gesegnet sein durch neue Freiheit und Gelassenheit; der Aufbruch aus der Trübung der Undeutlichkeit und Vagheit wird gesegnet sein durch neue Klarheit und das Wissen um ein Ziel. Wo solch ein Segen einmal da ist, wird er sich ausbreiten. Zunächst in einem selbst, aber auch auf die Menschen um einen herum, denn wo ein so gesegneter Mensch lebt, steckt er andere an und wird ihnen zum Segen. Ich will dich segnen – und du sollst ein Segen sein.

Im hebräischen Urtext ist dies ganz sinnfällig zu hören. Denn dort ist das Wort für „sein" (Segen sein) aus genau den gleichen vier Buchstaben gebildet, die auch das Wort für Gott bilden, für Gottes Namen, JHWH (Ex 3,14) „ich bin der ich bin da", mit dem er sich später dem Mose am Sinai offenbart. Nur die Buchstabenfolge ist ein wenig anders. Du wirst ein Segen sein, das heißt dann: du wirst das, was du von Gott bekommst, an Menschen weitergeben und zwar so, dass sie spüren können, dass Gott, der „ich bin da" dahinter steht. Du wirst mit deinem Sein an den Seinsbereich Gottes rühren, so dass Gottes Segen durch dich hindurch auch von dir ausgeht. „Wer an mich glaubt, von dessen Leib werden Ströme lebendigen Wassers fließen" (Joh 7,39), nennt Jesus das. Es gibt solche Menschen, in deren Gegenwart man sich wohl fühlt, die einem gut tun und erquicken und Sie, wir alle, können solche Menschen sein.

Auch das ist (erstaunlicherweise) schon in der Verheißung an Abraham vorhanden. Denn ihm wird ja nicht nur verheißen, dass er ein großes Volk werden wird, sondern die Verheißung geht noch viel weiter: In dir sollen gesegnet sein alle Geschlechter der Erde. Damit kommt eine völlig neue Dimension ins Spiel, die den Raum und die Zeit Abrahams sprengt. Alle Geschlechter der Erde sollen gesegnete sein, nicht nur Abraham selbst und alle seine ihm verheißenen Nachkommen. Weltumspannend wird das sein.

Ausgehend von Abraham. Die ganze Erde ist einbezogen. Dabei ist das Wort für Erde genau dasselbe, wie zu Beginn der Adam-und-Eva-Geschichte, als sie vertrieben wurden (Gen 3,17b): „verflucht ist die Erde um deinetwillen", hieß es da – nun sollen in Abraham alle Geschlechter genau dieser Erde gesegnet sein. So wird die Erde selbst neu gesegnet. Mit Abraham beginnt Gott diesen Segensstrom, ein Segensstrom von Abraham bis Jesus Christus, der bis zu uns reicht, in dem wir als Christen heute noch leben.

Abraham, der Mann mit dem großen Ohr. Er leiht uns sein Ohr für dieses Wort, dass auch wir hören, was Gottes Ziel ist: Segen für die Erde und für alle Menschen auf ihr. Mit Abraham hören wir, dass auch wir aufbrechen können aus den Trübungen unseres Lebens in das Land der Verheißung, damit wir als Gesegnete für andere zum Segen werden. Amen

5. Sonntag nach Trinitatis 2012, Ludwigskirche Freiburg
mit Übertragung im Deutschlandfunk

Genesis 23,23-32: Jakob kämpft

Liebe Gemeinde!

Der Mann, von dem ich Ihnen heute erzählen will, ist nicht mehr ganz jung. Er hat lange im Ausland gelebt und ist dort reich geworden. Er hat geheiratet, gleich mehrmals, und eine ganze Menge Kinder bekommen.

Nun ist er mit der ganzen großen Familie auf dem Weg zurück nach Hause. Der Mann ist unruhig. Was erwartet ihn in der Heimat? Vater und Mutter sind wohl schon gestorben. Aber der Bruder lebt noch. Hier liegt die Ursache seiner Unruhe: Mit dem Bruder lebt er in Streit. Genau genommen: Er hat ihn betrogen. Deshalb ist er damals auf und davon mit nichts als seinem Proviantbeutel und seinem Stab. Und nun kehrt er mit einem solchen Reichtum zurück. Wie wird sein Bruder ihn empfangen? Voll Rachsucht? Versöhnlich? Kalt? Warm? Vorsichtshalber hat er schon eine Menge Geschenke an ihn vorausgeschickt. Vielleicht stimmt das den Bruder ja milde. Aber als er hört, dass der Bruder ihm mit 400 Mann entgegen kommt, ahnt er nichts Gutes. Er teilt seinen Besitz, seine Herden in zwei Hälften auf und schickt sie verschiedene Wege. Wenn der Bruder die eine Hälfte finden und erobern sollte, bleibt ihm wenigstens noch die andere. Er war schon immer der Schlauere von beiden. Nochmal ein großes Geschenk an den Bruder vorausgesandt, kann nicht schaden. Dann wird es Nacht im Lager.

Hören wir, wie die Bibel weiter erzählt:

Und Jakob stand auf in der Nacht und nahm seine beiden Frauen und die beiden Mägde und seine elf Söhne und zog an die Furt des Jabbok, nahm sie und führte sie über das Wasser, sodass hinüberkam, was er hatte, und blieb allein zurück.

„Und blieb allein zurück." Verweilen wir einen Augenblick hier. Wie eine Mauer steht dieser Satz in der Erzählung. „Und blieb allein zurück." Wenn es

wirklich ernst ist, dann ist doch jeder allein. Für sich selbst verantwortlich. Was jetzt kommt, muss Jakob allein durchstehen. Es gibt Dinge, die kann keiner für den anderen tun. Geboren werden nicht, sterben nicht. Der oder die werden, die man ist. Das muss man allein tun. Dabei erlebt jeder Mensch seine eigene Geschichte. Auch seine eigene Geschichte mit Gott.
Die geht für Jakob jetzt so weiter:

Da rang ein Mann mit ihm, bis die Morgenröte anbrach.

Mitten in der Nacht, ganz allein, fällt ihn da plötzlich einer an, es ist ein schwerer Kampf, den Jakob kämpft – wer oder was ist das, was ihn so kämpfen lässt? Es ist ein Ringen, in dem es lange keinen Sieger und keinen Besiegten gibt, in dem man nicht sieht, wogegen eigentlich gekämpft wird, gegen Fleisch und Blut? Oder doch etwas Geistiges? Kommt es von außen? Oder aus Jakob selbst? Auf alle diese Fragen gibt die Geschichte keine Antwort.
Aber sie erzählt, dass Jakob den Kampf annimmt. Er stellt sich dem, was ihn da mitten in der Nacht anfällt. Er gibt nicht auf.
Den Kampf annehmen. Sich stellen. Nicht aufgeben. Was geschieht dann?

Und als er sah, dass er ihn nicht übermochte, schlug er ihn auf das Gelenk seiner Hüfte, und das Gelenk der Hüfte Jakobs wurde über dem Ringen mit ihm verrenkt. Und er sprach: Lass mich gehen, denn die Morgenröte bricht an. Aber Jakob antwortete: Ich lasse dich nicht, du segnest mich denn.

Der Kampf ist nicht das einzige – auch wenn sicher lange Zeit nichts zu hören war als das Stampfen ihrer Füße und das Keuchen und Stöhnen der Ringenden mitten in der Nacht, jetzt bricht die Morgenröte an und jetzt wird geredet. Der Mann bricht das Schweigen, er will gehen, aber offensichtlich hat Jakob ihn so umklammert, dass er nicht gehen kann. Seiner Aufforderung, ihn zu lassen, antwortet Jakob mit einer ungeheuerlichen anderen Aufforderung. Weder lässt er ihn einfach gehen, froh, davongekommen zu sein, noch sagt er: „ich kämpfe mit dir, bis ich dich besiegt habe" – das erkennt er wohl, dass er hier niemals siegen kann. Aber lassen will er ihn nicht. „Ich lasse dich nicht, du segnest mich denn" sagt er. Ist es Bitte? Ist es Forderung? Ist es fromm? Ist es dreist? Segen, Wohlgehen, Gedeihen zu erbitten in einem Kampf, in dem man nicht siegen kann – ist das nicht eine ungeheuerliche, eine großartige Wendung?

„Ich lasse dich nicht, du segnest mich denn!" Wenn das ein Satz werden könnte, den Ihr neuen Konfirmandinnen und Konfirmanden sagen könntet! Ihr habt euch ja aufgemacht Euren Glauben, Eure Kirche und letztlich Gott noch besser kennenzulernen, als es bislang der Fall ist. Es braucht ja nicht so dramatisch zu werden wie bei Jakob. Aber jeder und jede für sich muss das auf ihre und seine eigene Weise und also allein tun. Auch wenn Eure Eltern, Paten, die Konfimitarbeiter und in gewisser Weise die ganze Gemeinde euch dabei behilflich sein möchten – es ist doch zuerst eure eigene und daher einsame Sache mit Gott. „Ich lasse dich nicht, du segnest mich denn!" Macht euch diese Bitte zu eigen! Dann wird Eure Konfirmandenzeit keinesfalls langweilig.

„Ich lasse dich nicht, du segnest mich denn!" Wenn das ein Satz werden könnte, den Menschen in ihrem großen Kampf sprechen könnten, vielleicht ist es ein Kampf mit sich selber in einer Krankheit, einer schweren Vergangenheit, in Ängsten und doch: „Ich lasse dich nicht, du segnest mich denn". Wer so sprechen kann, müsste sich niemals selbst aufgeben. Hören wir, wie es bei Jakob weiterging:

Er sprach: Wie heißt du? Er antwortete: Jakob. Er sprach: Du sollst nicht mehr Jakob heißen, sondern Israel; denn du hast mit Gott und mit Menschen gekämpft und hast gewonnen.

Und Jakob fragte ihn und sprach: Sage doch, wie heißt du? Er aber sprach: Warum fragst du, wie ich heiße? Und er segnete ihn daselbst.

Der Segen also wird gegeben. Der Wunsch, sei er fromm, sei er dreist, wird erfüllt. Ganz Neues beginnt. Das Neue beginnt mit einem neuen Namen. Israel heißt nun Jakob. Der Name, der das ganze Volk prägen wird, aus diesem Kampf und dieser Bitte und diesem Segen ist er entsprungen. Israel: „Gott möge für uns streiten" kann man diesen Namen übersetzen. Durch diesen Kampf und diesen Segen wird Jakob schon in seinem Namen mit Gott verbunden. Das drückt aus: Gott wird ihn niemals aus dem Blick verlieren. Gott wird ihn immer lieben.

Aber noch bevor er gesegnet wird, schon mit seinem neuen Namen, antwortet Jakob/Israel mit einer Gegenfrage: „Und du, was ist dein Name?" Jakob will die Augenhöhe beibehalten, auf der er sich mit diesem Unbekannten befindet. Dafür muss er das Rätsel seiner Herkunft lösen. Wer den Namen weiß, hat die Macht (wir haben es als Kinder bei Rumpelstilzchen gelernt). „Und du, wie ist dein Name?" Aber darauf gibt es keine Antwort: „Warum fragst Du, wie ich heiße?" Er verweigert sich diesem Zugriff, der Mann, der Engel? Gott? Auch wenn Jakob/Israel ihm so nah gekommen ist – dass wir Menschen Gott benennen könnten, wie wir die Dinge unserer Welt und uns gegenseitig benennen, das wird nicht geschehen. Gott bleibt der Ferne, unserer Bestimmungsmacht Entzogene. Später aber wird sich Gott dem Mose in einem sehr geheimnisvollen Namen offenbaren und noch später, als er in Jesus Christus Mensch wurde und sein Antlitz in ihm aufleuchten ließ, da lernten wir den Namen der menschenzugewandten Seite Gottes kennen. In diesem Namen Jesus Christus ist das Heil und der Segen für uns.

Jakob/Israel aber muss sich mit dem Segen ohne Namen begnügen und macht doch gleich weiter und gibt selbst einen Namen:

Und Jakob nannte die Stätte Pnuël; denn, sprach er, ich habe Gott von Angesicht gesehen, und doch wurde mein Leben gerettet (man könnte auch übersetzen: meine Seele ist genesen). Und als er an Pnuël vorüberkam, ging ihm die Sonne auf;

Die Sonne ging ihm auf. Ein Stück Ostern ist es, was er da erlebt hat: Gott ganz nah, der Segen auf ihm, die Seele gesund, ein neuer Name, der ein neues Leben und Zuversicht für die kommende Begegnung verspricht. Aber es bleibt auch eine Erinnerung, ein Andenken an diesen Ursprung:

und er hinkte an seiner Hüfte.

Jakob/Israel zeigt uns dies: Besser ein wenig hinkend durchs Leben gehen und dabei von Gott zu wissen und von ihm gesegnet zu sein. Die Begegnung mit dem Bruder braucht er nun nicht mehr zu fürchten. Amen

17. Sonntag nach Trinitatis 2013, Ludwigskirche Freiburg

Numeri 11,11-17.24.25: Mose ist am Ende

Und Mose sprach zu dem HERRN: Warum bekümmerst du deinen Knecht? Und warum finde ich keine Gnade vor deinen Augen, dass du die Last dieses ganzen Volks auf mich legst? Hab ich denn all das Volk empfangen oder geboren, dass du zu mir sagen könntest: Trag es in deinen Armen, wie eine Amme ein Kind trägt, in das Land, das du ihren Vätern zugeschworen hast? Ich vermag all das Volk nicht allein zu tragen, denn es ist mir zu schwer. Willst du aber doch so mit mir tun, so töte mich lieber, wenn anders ich Gnade vor deinen Augen gefunden habe, damit ich nicht mein Unglück sehen muss.

Liebe Gemeinde!
Mose ist völlig am Ende.
Überfordert und alleingelassen, ausgebrannt und ohne Kraft.
Am liebsten wäre er tot. Dann hätte er alles hinter sich.
Allein gelassen fühlt Mose sich – von diesem Volk, das nichts anderes kann als maulen und meutern und von Gott, der ihn mit einer solchen unbewältigbaren Aufgabe in die Wüste schickt.
Die große Befreiung aus Knechtschaft und Sklaverei, mit der Gott sich einen Namen machen wollte beim Volk Israel und unter allen Völkern, der Aufbruch aus dem Sklavenhaus in Ägypten sah bei Licht besehen doch recht zweifelhaft aus. Wohl, den Ägyptern waren sie entkommen. Wohl hatte Gott für sie das Schilfmeer beiseitegeschoben, so dass sie sicheren Fußes an Land kamen, das Geheul der untergehenden Ägypter noch in den Ohren vermischt mit der Pauke Mirjams. Aber was hatten sie eingetauscht dagegen? Wüste – wochenlang, monatelang, jahrelang – die ersten, Alte, Schwache und Kranke waren schon gestorben, neue Kinder wurden geboren, Kinder, die nichts von Ägypten wussten, die nicht erlebt hatten, wie ihre Eltern als Sklaven gepeinigt wurden – die aber auch nie eine Melone gesehen hatten, keine Gurken, Knoblauch,

Zwiebeln – das Wasser lief ihnen schon beim Drandenken im Munde zusammen - und hier? Hunger und Durst und Manna. Nichts als Manna. Einen einzigen Gott anbeten, ja. Aber immer nur ein einziges Essen? Nein!

So sitzen die Familienvorstände vor ihren Zelten und heulen, heulen um Fleisch, lauthals, öffentlich, demonstrativ.

Es ist eine Demonstration gegen Mose. Schließlich ist er ihr Anführer. Ohne ihn wären sie in diese Lage nicht gekommen. Aber es ist auch eine Demonstration gegen Gott. Seine Idee war das alles. Nun sitzen sie hier.

Und Mose mit ihnen. Aber Mose, der sooft vermittelt hat zwischen Gott und dem Volk, gebetet, gefleht, überzeugt, Schaden abgewendet, Mose kann nicht mehr. Mit diesem Volk ist er fertig. Mit Gott eigentlich auch.

Das einzige, was er noch schafft, ist, seinen Frust, seine Enttäuschung, seine ganze Einsamkeit und Überforderung Gott vor die Füße zu kippen.

„Warum hast Du übel gehandelt an Deinem Knecht? Warum habe ich keine Gnade gefunden vor deinen Augen? Dass du die ganze Last dieses Volkes auf mich legst. Hab ich denn dieses Volk empfangen oder geboren, dass du zu mir sagen könntest: trag es in deinen Armen wie eine Amme ein Kind trägt? Ich kann dieses ganze Volk nicht alleine tragen, es ist zu schwer für mich! Wenn ich Gnade vor deinen Augen gefunden habe, dann töte mich lieber, damit ich mein Unglück nicht ansehen muss!"

Warum? Warum? So beginnt Mose, wie alle Menschen, die mit ihrem Schicksal nicht mehr zurecht kommen. Er ist Gottes Knecht, mit einem großen Auftrag. Aber er kann es nicht schaffen. Gott bringt ihn an die Grenze, Gott überfordert ihn. Warum? Früher hat Gott geredet mit ihm wie mit einem Freund. Aber einen Freund lässt man mit einer solchen Last nicht allein. Persönlich und in seinem Amt fühlt er sich im Stich gelassen von Gott – Mose fühlt sich wie ein Amme, alleingelassen mit einem schreienden Balg, das er weder gezeugt noch geboren hat. Gott ist doch diesem Volk Vater und Mutter, soll er sich drum kümmern.

Wir merken, wie Mose sich gar nicht mehr zugehörig fühlt zum Volk, er ist ganz für sich, steht ihm als sein Führer gegenüber, er erlebt sich nicht mehr als Teil des Volkes und damit ist seine Beziehung zu seinem Volk schwer zerrüttet, „dieses Volk da" nennt er es.

Seine Beziehung zu Gott ist auch zerrüttet, von ihm erwartet er sich bestenfalls noch den Tod. Aber, immerhin: Mit Gott redet er noch, zwar vorwurfsvoll, anklagend, selbst schimpfend, aber doch – und deshalb doch auch noch auf der Suche nach seiner vergangenen guten Beziehung zu Gott, zwar in der Form der Anklage und des Schimpfens, aber trotzdem ein Schrei um Hilfe, er sagt Gott, was er braucht: Er braucht Unterstützung; er ist zu allein mit seiner Aufgabe, sie ist ihm zu schwer.

Mose hat ein richtiges Burn-Out-Syndrom. Er hat sich abgerackert und jetzt ist Schluss. Weil er keine Kraft mehr hat, kommt er auch mit seinen Beziehungen nicht mehr zurecht. Im Volk gibt es niemanden mehr, der zu ihm steht und zu dem er gehen könnte. Weil es mit seinem Amt nicht mehr klappt und seine Beziehungen abgebrochen sind, kann er auch an Gott keinen Halt mehr finden und glaubt nicht mehr, dass Gott für ihn da ist.

Seine Krise als Führer des Volkes Israel führt ihn in eine tiefe persönliche und sogar spirituelle Krise, von der ihn seiner Meinung nach nur noch der Tod befreien kann. An diesem Endpunkt angekommen, voller Vorwürfe und innerer Not, aber mit letzter Kraft nach Gott rufend, antwortet ihm Gott. Nun wird es Pfingsten.

Und der HERR sprach zu Mose: Sammle mir siebzig Männer unter den Ältesten Israels, von denen du weißt, dass sie Älteste im Volk und seine Amtleute sind, und bringe sie vor die Stiftshütte und stelle sie dort vor dich, so will ich herniederkommen und dort mit dir reden und von deinem Geist, der auf dir ist, nehmen und auf sie legen, damit sie mit dir die Last des Volks tragen und du nicht allein tragen musst.

Und Mose ging heraus und sagte dem Volk die Worte des HERRN und versammelte siebzig Männer aus den Ältesten des Volks und stellte sie rings um die Stiftshütte. Da fuhr der HERR hernieder in der Wolke und redete mit ihm und nahm von dem Geist, der auf ihm war, und legte ihn auf die siebzig Ältesten. Und als der Geist auf ihnen ruhte, gerieten sie in Verzückung wie Propheten und hörten nicht auf.

Gott hat ihn gehört. Sehr genau hat er ihm zugehört und hat erkannt, was die Ursache dieser ganzen Krise ist: Mose ist zu allein. Mose ist als Führungspersönlichkeit zu isoliert. Die Last auf seinen Schultern muss verteilt werden. Das ist die ursprüngliche Krise und sie behebt Gott, von dort aus wird dann auch die persönliche und spirituelle Krise geheilt. Gott fängt nicht etwa an, die spirituelle Krise zu kurieren, nein er geht direkt ins Zentrum der Überforderung von Mose.

Gott erklärt Mose genau, was er tun will und schickt ihn als erstes hinein ins Volk, mit dem Mose nichts mehr zu tun haben wollte. Siebzig Männer, von denen er weiß, dass sie Älteste sind, verantwortlich und angesehen bei den Stämmen, soll er versammeln und vor die Stiftshütte bringen, und sich mit ihnen dort aufstellen. Gott sagt Mose nicht, welche Personen er auswählen soll – er traut also Mose immer noch trotz seiner Krise große Führungsqualitäten zu und lässt ihn entscheiden. Als das geschehen ist, fährt Gott hernieder, eines von 10 Malen im ganzen Alten Testament, dass Gott herniederfährt, diesmal für Mose, seinen Knecht, der am Verzweifeln war, wie er vorher herniedergefahren ist, um das Elend seines Volkes in Ägypten zu sehen. Später wird er in seinem Knecht Jesus für uns alle ins Niedere fahren, damit niemand mehr verzweifeln muss.

Dann kommt das pfingstliche Ereignis, dessentwegen wir heute diese Erzählung als Predigtwort haben – Gott nimmt vom Geist, der auf Mose liegt und verteilt ihn auf die 70 Ältesten. Die Rabbinen haben dafür das Bild von der Kerze gefunden: Mose war zu der Zeit wie eine Kerze, an der die anderen Kerzen angezündet wurden, seine Leuchtkraft wurde nicht weniger dadurch, aber die anderen wurde angesteckt mit dem Heiligen Geist.

Wir hören leise Abendmahlsanklänge bei diesen Worten, Gott nimmt vom Geist und teilt ihn aus unter die Anwesenden. Wie er das getan hat, was dabei gesprochen wurde, erfahren wir nicht – nur dass die Zusammengerufenen auf den Geist reagierten, der ihnen mitgeteilt wurde.

Was geschieht hier?

Die Last eines Einzelnen wird verteilt auf Viele. Aber auch: Die Begabung eines Einzelnen wird vielen weitergegeben. Ein autokratischer Führungsstil wird ersetzt durch Aristokratie; ein Mann wird befreit vom zwanghaften Selbstmachenmüssen. Siebzig andere stehen ihm von nun an zur Seite, auch sie begabt mit Gottes Geist. So baut sich Gott sein Volk, so wichtig ist ihm dieser Prozess zur Verteilung von Verantwortung, man kann auch sagen: Es war ein Schritt hin auf dem Weg zur Demokratie, den Gott hier selbst beginnt.

Zum Schluss will ich in sechs Punkten zusammenfassen, was diese Geschichte pfingstlich für uns bedeuten kann:

1. Seine Geistbegabung hat Mose nicht davor geschützt, in die Krise zu geraten. Der Heilige Geist bewahrt nicht vor Krisen. Krise heißt deshalb nicht, man sei vom Heiligen Geist verlassen. Aber die Krisen sind die Chance zu etwas Neuem, zur Weiterentwicklung durch den Geist. Das gilt für die ganz persönlichen Krisen jedes einzelnen, es gilt aber auch für die Krisen der Kirche oder einer Gemeinde und für die Krisen der Gesellschaft.

2. Auch wer in der Krise ist, kann Gott anrufen, und sei es mit letzter Kraft und sei es in der Form des Vorwurfes – und Gott wird hören und helfen.

3. Gott heilt die Krise des Mose durch den Heiligen Geist, aber nicht so, dass er ihm nun noch mehr davon gäbe und ihn als Führungsperson noch besser ausstatte – das würde sein Problem der Einsamkeit ja noch verschärfen,

sondern er heilt durch den Heiligen Geist, indem er ihn reichlich an andere weitergibt.

4. Der Heilige Geist wirkt auf die Menschen in zweifacher Weise: er ruht auf ihnen und macht sie zu den Menschen, als die Gott sie gedacht hat – und er bringt sie in prophetische Bewegung, so dass sie, statt die Vergangenheit zu betrauern, ihren Weg in die Zukunft suchen.

5. Der Heilige Geist ist nicht verfügbar. Mose kann ihn selbst nicht weitergeben. Aber Gott gibt ihn weiter und der Geist wird dadurch nicht weniger für Mose, sondern mehr für alle. Gott will, dass sein Geist sich auf viele verteilt.

6. Es bleibt, im Großen und Ganzen jedenfalls, eigentlich alles beim Alten, das Volk soll weiter ins gelobte Land ziehen und Mose soll es weiter führen. Das ist nicht besonders spektakulär. Aber innerhalb dieses Alten ist etwas Neues geschehen, das Zukunft eröffnet.

Am ersten Pfingstfest damals in Jerusalem kam der Heilige Geist sehr spektakulär, mit Brausen und Feuerzungen und Sprachwunder, damit es auch jeder merkt. Aber manchmal und sehr viel öfter kommt der Heilige Geist nicht spektakulär, ja von außen sieht fast alles so aus wie immer, aber von innen ist das Entscheidende geschehen.

Darum lasst uns beten: Komm Heiliger Geist. Amen

Pfingsten 2013, Ludwigskirche Freiburg

JESUSGESCHICHTEN

Johannes 1,29-34: Jesu Taufe

Am nächsten Tag sieht Johannes, dass Jesus zu ihm kommt, und spricht: Siehe, das ist Gottes Lamm, das der Welt Sünde trägt! Dieser ist's, von dem ich gesagt habe: Nach mir kommt ein Mann, der vor mir gewesen ist, denn er war eher als ich. Und ich kannte ihn nicht. Aber damit er Israel offenbart werde, darum bin ich gekommen zu taufen mit Wasser.
Und Johannes bezeugte und sprach: Ich sah, dass der Geist herabfuhr wie eine Taube vom Himmel und blieb auf ihm. Und ich kannte ihn nicht. Aber der mich sandte zu taufen mit Wasser, der sprach zu mir: Auf wen du siehst den Geist herabfahren und auf ihm bleiben, der ist's, der mit dem Heiligen Geist tauft. Und ich habe es gesehen und bezeugt: Dieser ist Gottes Sohn.

Liebe Gemeinde!

Da ist also der Sohn Gottes geboren im armen Stall in Bethlehem – auch wir haben es an Weihnachten gefeiert. Und nun? Alltag, wie überall.

Auch für die heilige Familie kehrte der Alltag ein. Irgendwann waren Maria und Josef mit ihrem Jesusbaby wohlbehalten wieder zurück in Nazareth und die Sterne über ihrem Haus leuchteten auch über den Häusern der Anderen. Die Worte der Hirten waren in Marias Herzen gut verwahrt und die heiligen drei Könige längst wieder auf ihrem Weg zurück ins Morgenland.

Josef arbeitete in seiner Zimmerei und Maria bekam noch mehr Kinder und ihr ältester Sohn Jesus verlebte eine normale Kindheit in Nazareth. Nichts erfahren wir über ihn gute 30 Jahre lang. Nur der Evangelist Lukas (Lk 2,41-52) erzählt eine kurze Episode von Jesus als 12jährigem. Natürlich lernte er lesen und schreiben, wie schon damals jedes jüdische Kind. Er wird auch leidlich Griechisch gelernt haben, denn das war die Umgangssprache der ganzen Zeit, auch die Römer sprachen es, und wer als Handwerker wie Josef Kunden hatte, konnte es auch, es war noch mehr verbreitet als heute Englisch in Europa. Jesus lernte natürlich auch bei seinem Vater das Handwerk und arbeitete im Betrieb mit.

Alltag. Wer denkt an Gott? Wie finden wir aus dem Alltag, der uns bedrängt oder langweilt und doch jedenfalls in Anspruch nimmt zu einer lebendigen Gottesbeziehung? Wie erheben wir uns über die Normalität des Lebens in eine Sphäre, einen Raum durch den wir verstehen: Da ist mehr als unser Alltag? Wir sind Teil eines großen Ganzen. Mit all dem, auch unserem Leben, hat Gott einen Plan und er hat bereits angefangen, ihn umzusetzen. Wie erfahren wir das?

Für die meisten Menschen ist es wohl schwer, Gott im Alltag zu finden (übrigens hat der Apostel Paulus in der Lesung dafür eine Anleitung gegeben: Röm 12,1-8), deshalb versuchen sie den Alltag zu durchbrechen, sie suchen das Ungewöhnliche, Herausragende, sie suchen nach besonderen Menschen und besonderen Ereignissen.

Für die Menschen damals war der Täufer Johannes solch ein besonderer Mensch und die Taufe im Jordan durch ihn ein besonderes Ereignis, das sie über ihren Alltag hinaus mit Gott in Verbindung brachte. Zurückgezogen in die Einsamkeit der Jordanwüste und doch nah genug an Jerusalem verkündigte er die Taufe der Buße zur Vergebung der Sünden. Denn wer Gott begegnen möchte, der soll seine Schuld bekannt haben und rein sein. Und die Menschen kamen. Aus ganz Jerusalem und auch von weiter her kamen sie, denn sie spürten das Wahrhaftige an Johannes, das sie selbst näher zu Gott brachte. Auch Jesus kam aus Nazareth, erwachsen geworden, gut dreißigjährig.

Mit seiner Taufe durch Johannes hören wir nach seiner Geburt das erste Mal wieder etwas von ihm. Die ältesten der Hirten, die ihn damals besucht hatten, konnten inzwischen schon gestorben sein! Ob sie sich manchmal gefragt haben, was wohl aus dem Kind geworden ist und warum man nichts mehr von ihm hört?

Im Johannesevangelium erscheint Jesus selbst hier zum ersten Mal. Sogar sein Name wird das erste Mal genannt. Aber Jesus tritt in dieser Szene nicht wirklich auf. Er ist zwar da, aber alles wird von Johannes dem Täufer aus erzählt. Johannes sieht Jesus auf sich zukommen. Die Taufe Jesu wird gar nicht erst berichtet. Das haben ja andere Evangelisten schon getan. Der Schwerpunkt bleibt bei Johannes dem Täufer, der als ein wahrhaftiger Prophet Israels geschildert wird, wie Jesaja oder Jeremia. Es ist sein ausdrücklicher Auftrag von Gott, dass er am Jordan tauft. Es ist auch sein Auftrag, Jesus, der noch ein völlig unbekannter junger Mann ist, durch die Taufe dem Volk bekannt zu machen. Johannes soll von ihm reden, sagen, wer er ist, von ihm zeugen. Von Gott selbst hat Johannes sein Wissen über Jesus und als der nun auf ihn zukommt, kann er sagen: „Siehe, das ist Gottes Lamm, das die Sünde der Welt trägt." Ein prophetisches Wort, das sich überhaupt erst am Ende der Sendung Jesu erfüllt. Aber von hier aus sind diese Worte in unsere Abendmahlsliturgie eingewandert: „Christe, du Lamm Gottes, der du trägst die Sünd der Welt". Mit dem Bild vom Lamm bezieht sich Johannes der Täufer auf einen anderen Propheten: Im Gottesknechtlied des Jesaja (Jes 53,7) heißt es: „ … wie ein Lamm, das zur Schlachtbank geführt wird, tat er seinen Mund nicht auf". Es wäre eine eigene Predigt, diesem Bild vom Lamm einmal nachzugehen. Aber ich will jetzt zurück zu Johannes, der sich mit diesem Wort als ein Prophet Gottes erweist. Ein Prophet weiß mehr vom Willen Gottes als andere, ein Prophet hört die Stimme Gottes und gibt sie weiter. Zum Täufer hat Gott gesprochen: „Auf wen du siehst den Geist herabkommen und bleiben, der ist es, der mit dem Heiligen Geist taufen wird." Dieses Wort Gottes ist eigens für Johannes bestimmt, es ist die Brücke, durch die der Täufer mit dem Sohn Gottes verbunden ist.

Johannes der Täufer weiß also zu diesem Zeitpunkt mehr über den göttlichen Auftrag Jesu als dieser selbst. Jesu Weg, sein Wirken, liegt noch im Dunkel der zukünftigen Geschichte, wie für jeden Menschen. Aber dass Jesus zu Johannes an den Jordan kommt, ist ein wichtiger erster Schritt für den Beginn seines

Wirkens. Nun hat er sich gelöst aus der Familie und der Heimat in Nazareth und begegnet dem um seinetwillen beauftragten Propheten Gottes. Wie Jesus seine Taufe erlebt hat, wie er es empfunden hat, dass der Geist auf ihn herabkam und auf ihm blieb, das wissen wir nicht. Aber es ist etwas Entscheidendes geschehen und Johannes wird in Zukunft zurücktreten und Jesus hervortreten.

Johannes beschreibt diesen Unterschied mit den Worten: „ … ich taufe mit Wasser" wir könnten ein „nur" hinzufügen – Johannes tauft nur mit Wasser, womit aber Jesus tauften wird, das erfährt Johannes durch die Stimme Gottes selbst: „Auf wen du siehst den Geist herabfahren und auf ihm bleiben, der ist es, der mit dem Heiligen Geist tauft". Im Unterschied zur Wassertaufe des Johannes wird Jesus also mit dem Heiligen Geist taufen, nicht mit einem Element der Schöpfung, wie Johannes, sondern in der Kraft Gottes selbst.

In diesem Wort Gottes ist überraschenderweise die Trinität Gottes gegenwärtig, Vater, Sohn und Heiliger Geist, wie wir es im Glaubensbekenntnis bekennen: denn Gott der *Vater* spricht vom *Sohn*, der im *Heiligen Geist* taufen wird.

Aber noch hat in unserem Abschnitt Jesus nicht mit dem Heiligen Geist getauft. Noch ist es nur eine Ankündigung und ein Teil der Deutung, die Johannes über Jesus bekannt werden lässt. Vier solche Aussagen über Jesus hören wir von Johannes:

- er ist das Lamm Gottes, das die Sünde der Welt trägt
- er war von Anfang an bei Gott (das drückt das Rätselwort: „nach mir kommt einer, der vor mir gewesen ist", aus)
- der Heilige Geist liegt auf ihm und er wird mit dem Heiligen Geist taufen
- er ist Gottes Sohn.

Vier gewichtige theologische Aussagen über Jesus, dazu kommt auch das Abendmahl vor, die Taufe kommt vor, ja die Heilige Trinität kommt vor. Es ist ein enorm gefüllter Abschnitt, unser heutiges Evangelium.

Aber der Sohn Gottes, um den es geht, der ist einfach nur da. Er spricht nicht, er handelt nicht, er reagiert nicht, an ihm wird gehandelt, er lässt sich taufen (das können wir hier nur erschließen) und von ihm wird geredet. Er selbst, sein Wirken, sein Reden, seine Geistmächtigkeit kommen noch nicht vor.

Liebe Gemeinde, das ist doch etwas, was wir oft erlebt haben und erleben: Von Jesus wird geredet, welche Bedeutung er für die Welt, für das Leben, für mich hat und er selbst tut nichts und sagt nichts. Ihn selbst hören wir nicht. Nur über ihn hören wir reden.

Das klingt, als sei es ein Fehler. Aber unser heutiger Predigtabschnitt ermutigt uns, das als einen normalen Schritt unserer religiösen Entwicklung zu sehen. Auch sie spielt sich in der Zeit ab. Gott hat Zeit. Jesus hat Zeit. Wir hören erst lange etwas über Jesus, von Jesus, bevor wir ihn selbst für uns hören. Wir hören erst lange über ihn, was er getan hat, wie er Menschen begegnet ist, bevor wir merken, wie er uns begegnet und wie er an uns handelt – und wie er schon lange in unserem Leben da war, als wir es noch gar nicht wussten. Amen

1. Sonntag nach Epiphanias 2013, Ludwigskirche Freiburg

Johannes 7,28.29: Jesu Selbstaussage

Liebe Gemeinde!

"Da liegt es, das Kindlein, auf Heu und auf Stroh..." so haben wir es im Kinderlied gesungen und sehen vor unserem inneren Auge das Kind in der Krippe im armen Stall mit seinem himmlischem Glanz.
Unser heutiger Predigttext gibt uns kein Bild zu sehen, er gibt uns etwas zu hören. Aber nicht den Gesang der Engel, auch nicht die Worte der Hirten, die Maria in ihrem Herzen bewegt und nicht die Zärtlichkeiten, die Maria gewiss ihrem neugeborenen Baby ins Ohr flüstert. Was wir heute hören, spricht der erwachsen gewordene Mann, der dieses Kind einmal gewesen ist. Es sind zwei Verse aus dem 7. Kapitel des Johannesevangeliums. Da ist Jesus schon längst unterwegs als etwa 30jähriger mit einer großen Anhängerschaft, heilend und lehrend. Zwei Verse, die der erwachsene Mann Jesus über sich sagt. Wir hören sie heute als die Selbstauskunft des Kindes in der Krippe:

"Da rief Jesus, der im Tempel lehrte: Ihr kennt mich und wisst, woher ich bin. Aber nicht von mir selbst aus bin ich gekommen, sondern es ist ein Wahrhaftiger, der mich gesandt hat, den ihr nicht kennt. Ich aber kenne ihn, denn ich bin von ihm und er hat mich gesandt."

„Und das habt zum Zeichen: ihr werdet finden das Kind, in Windeln gewickelt" (Lk 2,12). So gibt der Engel den Hirten Bescheid, die sich gleich auf den Weg machen und sie finden es genau so. Aber was sollte das für ein besonderes Zeichen sein, ein Kind in Windeln gewickelt? Jedes neugeborene Baby wurde auch damals in Windeln gewickelt, ein Allerweltszeichen ist das. Nackt und bedürftig kommt auch dieses Baby auf die Welt, wie jeder und jede. „Auf die Erde voller kaltem Wind kamt ihr alle als ein kleines Kind" (Bertold Brecht). Irdisch ist Jesus. Er hat Eltern, die für ihn sorgen, Maria und Josef und sie kommen aus Nazareth und mussten wegen des Kaisers in Rom nach Bethlehem laufen und Josef ist Zimmermann und kann seinen Stammbaum bis auf König David zurückführen und Maria bekommt mit Jesus ihren ersten Sohn. „Ihr kennt mich und wisst, woher ich bin".

Das ist die eine, die irdische Seite der Geschichte. Aber nur wegen dieser irdischen Seite wären wir heute nicht hier. Es gäbe keinen Grund, Weihnachten zu feiern und dieses Fest wäre nie erfunden worden. Wir sind aus demselben Grund hier, aus dem die Hirten schließlich nach Bethlehem gelaufen sind und die Geschichte sehen wollten, die da geschehen ist. Der Grund war der Engel, der ihnen alles erklärt hat. Ohne die Botschaft des Engels wären sie nicht aufgebrochen und diese Botschaft klingt noch immer bis zu uns: „Euch ist heute der Heiland geboren, welcher ist Christus, der Herr in der Stadt Davids" (Lk 2, 11). Vom Himmel her kommt uns die Botschaft. Genau von dieser himmlischen Botschaft spricht der erwachsene Jesus, wenn er im Tempel in Jerusalem sagt: „Aber nicht von mir selbst aus bin ich gekommen, sondern es ist ein Wahrhaftiger, der mich gesandt hat." Der Mann, der einmal das Kind in der Krippe war, kennt seine Berufung und seine Herkunft. Mit den ersten 30 Jahren seines Lebens, das gar nicht viel länger dauern sollte, war es ihm deutlich geworden, dass er von Gott kommt. Das ist seine andere Seite, die göttliche Seite. Um derentwillen sind wir heute hier. Diese göttliche Seite war auch schon vorhanden, als er ein kleines Kind war.

Es ist ja für jeden Menschen eine spannende Sache, sich daran zu erinnern, dass er oder sie selbst einmal geboren wurde und als Neugeborenes im Schoß seiner Mutter lag und dass es eine Identität dieses Babys bis hin zu dem Menschen gibt, der ich heute bin. Wenn wir ein neugeborenes Kind anschauen, dieses kleine, große Wunder des Lebens, dann wissen wir: Es wird so nicht bleiben, sondern sich entwickeln, körperlich, geistig, seelisch und in 30 Jahren ganz anders aussehen und doch derselbe Mensch sein. Ein Baby äußert sich dazu nicht. Es ist einfach nur da und das ist so viel. Auch das Baby Jesus, das Kind in der Krippe, hat nicht gesprochen, natürlich nicht. Es war einfach da und ob es geweint hat oder geschrien, wissen wir nicht. Wenn Jesus sich an das kleine Kind erinnert, das er einmal war, und seine Eltern werden ihm wohl von den Umständen erzählt haben, in denen er geboren ist, dann wird ihm klar sein: Schon das neugeborene Kind damals war von Gott gesandt. Er ist nicht einfach nur ein Menschenkind, aus Gottes Ja zum Leben geboren wie jeder von uns, sondern: Er ist gesandt von Gott. So können wir heute das Wort des erwachsenen Mannes Jesus als Wort des Kindes in der Krippe hören: „Aber nicht von mir selbst her bin ich gekommen, sondern es ist ein Wahrhaftiger, der mich gesandt hat." Hinter Jesu Geburt steht Gottes großer Wille, die Welt zu heilen, hinter ihm steht Gottes Treue zur Welt, die er geschaffen hat. Ein Wahrhaftiger. Mit diesem Namen nennt Jesus Gott und zitiert damit Mose und die Propheten. Es ist ein alter Name für Gott. Sein Klang im Hebräischen hat weniger mit dem Wort „Wahrheit", sondern eher mit dem Wort „Treue", „Verlässlichkeit" zu tun. Gott ist der, der treu ist, auf den man sich verlassen kann. Auf den sich Jesus verlässt. „Ich kenne ihn", sagt Jesus und fügt hinzu: „Ihr kennt ihn nicht".

So sehr wir Jesus nahe sind in seiner menschlichen Seite, sind wir ihm fern in seiner göttlichen Seite. Er kennt Gott. Aber wir kennen ihn nicht.

Weil wir Gott nicht kennen, zweifeln wir an ihm. Weil wir ihn nicht kennen, deuten wir unser Scheitern als seine mangelnde Treue zu uns. Weil wir ihn nicht kennen, haben wir Angst vor der Zukunft. Weil wir ihn nicht kennen, basteln wir uns unseren Patchworkgott selbst zusammen. Der Mann Jesus, der das Kind in der Krippe war aber kennt ihn und er weiß, dass er von ihm gesandt ist, ja mehr noch, dass er „von ihm" ist. Darum ist Jesus ohne Zweifel, denn er ist selbst „von Gott". Er weiß, dass sein Weg ans Kreuz nicht bedeutet, dass Gott fern ist, auch wenn andere diesen Weg als Scheitern deuteten. Er fürchtet sich nicht vor der Zukunft, sondern vertraut der Zukunft des Reiches Gottes. So liegt er in der Krippe, niemand kann Angst vor ihm haben. Er lässt sich sehen. Man kann ihn betrachten und anfassen. Und doch ist sein Geheimnis groß. Größer als jemals ein göttliches oder menschliches Geheimnis gewesen ist. Denn dass es Menschen gibt, bezweifelt niemand und dass es Gott gibt, sagen viele Religionen, aber dass Gott selbst in einem Menschen zur Welt gekommen ist, das ist das tiefste aller Geheimnisse.

Also kommen wir heute doch nicht hauptsächlich um seiner göttlichen Seite willen. Wir kommen, weil Gott seine Treue in einem Menschen zeigt. Weil Gott selbst Mensch wird. Gott kennen wir nicht. Aber was Mensch sein heißt, das kennen wir, die Freuden, die Leiden, das Lachen und Weinen, die Liebe, den Tod. All das bekommt durch seine Menschwerdung einen hellen Glanz, den Glanz der Hoffnung, dass wir doch nicht allein sind, dass wir mit all unserem Zweifel und unserer Zukunftsangst, mit all unserem Lieben und Leiden verbunden sind mit ihm, dem Wahrhaftigen, den wir nicht kennen.

Als Jesus diese Worte ruft, ist er im Tempel, in Jerusalem, dem Ort, der seit langem mit der größten Gottesanwesenheit verbunden ist und er ruft sie bei einem Fest. Das Kind in der Krippe ruft sie heute in unser Fest hinein, dass wir es wissen können: Gott, den wir nicht kennen, ist in der Welt, in einem Menschen, den wir kennen können. Der Ort der Gottesanwesenheit ist kein Haus aus Stein, sondern ein lebendiger Mensch. Er fängt klein an, in Windeln gewickelt, lässt sich lieben von seinen Eltern, betrachten von den Hirten, bejubeln von den Engeln. Im Jubel der Engel aber kann uns klar werden: Es ist Gott, dem hier die Ehre gegeben wird, in diesem kleinen Kind, das zur Welt gekommen ist. Dass das schon vor 2000 Jahren geschehen ist, ist nur die eine, die irdische Seite der Sache. Die andere, die himmlische Seite ist, dass dieses Kind im auferstanden Christus, dem Herrn, immer noch lebt. Der Ort der Gottesanwesenheit ist ein Mensch. Damit sind wir Menschen durch Gott unendlich wertgeschätzt, gewürdigt, geliebt – und eingeladen, selbst ein Ort der Gottesanwesenheit zu werden; indem wir den Weg der kleinen heiligen Familie mitgehen: Uns öffnen wie Maria, Gottes überraschendes Handeln annehmen wie

Josef, uns aufmachen, wie die Hirten, um den Ort der Anwesenheit Gottes zu finden: Dieses Kind Jesus, das immer wieder zur Welt kommen möchte, in jeder Weihnacht, am liebsten in jedem und jeder von uns. Amen

Weihnachten 2012, Ludwigskirche Freiburg

Matthäus 9,9-13: Matthäus steht auf

Und als Jesus von dort wegging, sah er einen Menschen am Zoll sitzen, der hieß Matthäus; und er sprach zu ihm: Folge mir! Und er stand auf und folgte ihm. Und es begab sich, als er zu Tisch saß im Hause, siehe, da kamen viele Zöllner und Sünder und saßen zu Tisch mit Jesus und seinen Jüngern. Als das die Pharisäer sahen, sprachen sie zu seinen Jüngern: Warum isst euer Meister mit den Zöllnern und Sündern? Als das Jesus hörte, sprach er: Die Starken bedürfen des Arztes nicht, sondern die Kranken. Geht aber hin und lernt, was das heißt (Hosea 6,6): »Ich habe Wohlgefallen an Barmherzigkeit und nicht am Opfer.« Ich bin gekommen, die Sünder zu rufen und nicht die Gerechten.

Liebe Gemeinde!
Außerordentlich knapp und dicht ist dieser Abschnitt erzählt: Eine Berufung, ein Gastmahl, ein Streitgespräch.
Die Berufung
Im Fortgehen sieht Jesus einen Menschen am Zoll sitzen.
Jesus sieht ihn, er sieht einen Menschen, nicht einen Zöllner. Der Zöllner will nichts von Jesus, er macht nicht auf sich aufmerksam, nein Jesus sieht von sich aus einen Menschen dort am Zoll sitzen.
Da Zöllner zu den verachtetsten Berufsgruppen der damaligen Gesellschaft in Palästina gehörten, ist es bedeutsam, dass Jesus nicht einen Zöllner sieht, sondern einen Menschen. So ist Jesus, so dürfen wir es ihm nachmachen: nicht den Zöllner sehen, sondern den Menschen. Wie gut täte etwas so einfaches unserer von Rollen beherrschten Gesellschaft: Den Menschen sehen, in der Schule, im Beruf, beim Einkaufen...
Der Mensch, den Jesus sieht, sitzt am Zoll. Es ist bedenkenswert, dass Jesus geht, der Mensch aber sitzt. Er sitzt da, im Sinn von hockt da, er sitzt fest in seinem Zoll, in seinen miesen Geschäften, in seinem Geld, seiner

Aussichtslosigkeit, seiner Selbstverachtung, seinem Panzer, den er sich zugelegt hat. So sitzen ja viele in etwas fest, beruflich, familiär, eingerichtet in schlechten Gewohnheiten, in falschen Systemen, mit mehr oder weniger kleiner Hoffnung, dass sich daran etwas ändert oder vielleicht schon gar nicht mehr wissend, dass etwas Grundlegendes anders werden muss.

Noch etwas ist wichtig. Jesus sieht nicht nur einen Menschen da sitzen, dieser Mensch hat einen Namen: Matthäus. Es ist ein einzelner Mensch, eine durch ihren Namen individuelle Persönlichkeit, Matthäus. So heißt ja auch der Autor unseres Evangeliums. Vielleicht ist das ein versteckter Hinweis, so wie Maler sich selbst mit in ihrem Bild unterbringen, hat Matthäus sich in diesem Evangelium untergebracht. Im Markusevangelium, das Matthäus durchaus kannte, heißt dieser Zöllner Levi. Wenn ihm Matthäus nun seinen Namen gibt, sagt er damit: Ich bin es, so hat Jesus auch mich fortgeholt und es ist, als lüde er uns ein, uns selbst auch mit hineinzuschreiben in dieses Evangelium und unseren Namen einzusetzen, wo wir festhocken und Jesus uns wegruft.

„Als Jesus von dort wegging, sah er einen Menschen am Zoll sitzen, der hieß Matthäus. Und er sprach zu ihm: Folge mir. Und er stand auf und folgte ihm." Warum? Wieso? Keine Erklärung, jeder hat sein eigenes „warum, wieso". Allein darauf, dass Jesus ihn ruft, kommt es an. Es ist ein Rufen von ähnlicher Vollmacht, wie wenn Jesus Dämonen austreibt oder Sünden vergibt, oder wie wenn Gott am ersten Schöpfungstag spricht: Es werde Licht. Sein Wort wirkt. Matthäus steht auf und folgt ihm nach, sein Aufstehen erinnert im Griechischen natürlich an Auferstehung. Eine Auferstehung in ein neues Leben hinein.

Damit sind wir beim **Gastmahl**:

Fort vom Zoll, einem öffentlichen Ort, hinein ins Haus, ins Private, fort vom Geld, der abstrakten Gemeinschaft, hinein ins Gastmahl, zum gemeinsamen Essen, der lebendigen Gemeinschaft.

So einfach kann also Nachfolge beginnen – hören und aufstehen, miteinander essen.

Was Matthäus als unmittelbaren Gegensatz zum Sitzen im Zoll erzählt, ist logische Folge: Wer Jesus nachfolgt, findet eine neue Gemeinschaft, die um seinen Tisch sitzt. Das ist allerdings keine Gemeinschaft, die man sich selbst aussucht, sondern eine, die zu Jesus kommt, weil er sie gerufen hat – jeden Einzelnen. Nicht immer finden sie die Zustimmung der feinen Gesellschaft. Eine Mahlgemeinschaft mit allerlei Zöllnern und Sündern ist hier versammelt, wie die Pharisäer kritisch bemerken. Vom Zöllner Matthäus ist aber von nun an nicht mehr die Rede. Der braucht vielleicht ein bisschen Zeit, um sich in seinem neuen Leben zurechtzufinden.

Stattdessen beginnt das **Streitgespräch:**

Dafür ist ein Blick in die Komposition des Matthäusevangeliums nützlich. Das 9. Kapitel, in dem wir uns befinden, ist das Kapitel der Auseinandersetzungen. Im Abschnitt vorher hat Jesus Aufmerksamkeit und Widerspruch erregt, als er dem Gelähmten sagte: „Dir sind deine Sünden vergeben." Hier in unserer Geschichte vergibt nicht nur Sünden, sondern holt Sünder ganz nah zu sich, er isst mit ihnen. Mit großer Deutlichkeit sagt Matthäus: Viele Sünder und Zöllner saßen da. Da gibt es Widerspruch, den Pharisäern leuchtet nicht ein, was Jesus tut. Allerdings wollen sie sich noch nicht direkt mit Jesus anlegen, sie fragen nur seine Jünger: „Warum isst euer Meister mit Zöllnern und Sündern?" Doch Jesus antwortet selbst und nutzt die Gelegenheit, seine Sendung, seinen Auftrag zu erklären: „Ich bin gekommen, die Sünder zu rufen, und nicht die Gerechten."

Scheint das nicht ungerecht gegenüber den Gerechten zu sein? Sollten die nicht auch etwas von Jesus abbekommen dürfen, müssen die draußen stehen?

Vielleicht hilft weiter, was unter einem Gerechten zu verstehen ist. Ein wahrhaft Gerechter ist einer, der äußerlich gesehen Gottes Gebote hält, und von innen betrachtet schon bei Gott ist. Den braucht Jesus nicht zu rufen, weil er schon da ist. Wer da ist, wird nicht gerufen. Oder im Bild Jesu gesprochen: Sinnlos ist es, einen heilen zu wollen, der gesund ist. „Die Gesunden bedürfen des Arztes nicht, sondern die Kranken" (Lk 5,31), sagt Jesus zu den Pharisäern. Ganz direkt gibt er ihnen zu verstehen, dass er das schiere Gegenteil dessen tut, was sie tun: Sie sammeln die Gerechten, die stark sind in ihrer Gottesbeziehung. Er sammelt die, die in ihrer Gottesbeziehung schwach sind, er sammelt die Sünder. Damit auch sie Gottes Nähe erfahren, damit das Reich Gottes hier und heute anbricht. Es geht ja Jesus wie den Pharisäern um das Reich Gottes und um Gottes Gerechtigkeit. Aber Jesus hat schon in der Bergpredigt von einer besseren Gerechtigkeit als die der Schriftgelehrten und Pharisäer gesprochen, einer Gerechtigkeit, die das Gesetz wirklich erfüllt – und das ist eine, die nicht Grenzen zieht und ausgrenzt, sondern die barmherzig ist und hineinnimmt ins Leben mit Gott. Bereits in den Seligpreisungen der Bergpredigt hatte er von Barmherzigkeit gesprochen: „Selig sind die Barmherzigen, denn sie werden Barmherzigkeit erlangen." Hier zeigt er sich selbst barmherzig und nennt auch Gott den Barmherzigen.

„Geht aber hin", sagt er zu den Pharisäern, „und lernt, was das heißt" und dann zitiert er ihnen die Schrift (Hos 6,6), in der sich auszukennen der Stolz der Pharisäer ist: "Barmherzigkeit will ich, nicht Opfer".

Ihr pharisäischer Weg ist ja, die Schrift zu befolgen, diesen Weg lässt ihnen Jesus und gibt ihnen doch dabei einen neuen Impuls: „geht hin und lernt, was das heißt". Seine Antwort auf die Frage der Pharisäer ist direkt, doch aus ihrer Perspektive gedacht. Er macht klar, wie sinnvoll auch in ihrem Sinn ist, was er tut. Aber sie müssen doch noch etwas verstehen „lernen", und auch „Lernen" ist ihre eigene Sache. Wenn sie's auf Jesu Wort hin täten, könnten sie damit auch seine Jünger werden, denn „lernen" hat im Griechischen denselben Wortstamm wie „Jünger sein".

Noch ist die Auseinandersetzung Jesu mit den Pharisäern nicht verfahren, noch wirbt er um sie, wie er immer werben wird. Sie brauchen nicht weggeholt werden von ihrem Weg, denn der ist schon der richtige – aber er muss sich noch weiten.

Die Gesunden brauchen den Arzt nicht – aber sie könnten dem Arzt helfen. Das ist die Botschaft für die, die gut drauf sind. Manche meinen ja, Christ sein sei nur etwas für Leute, die übel dran sind, die krank sind, oder behindert, oder im Gefängnis, oder alt, also bedürftig, nichts für Starke, Reiche, Gesunde und Junge. Aber das ist ein großer Irrtum. Denn wer von sich aus stark ist, kann mit seiner Kraft Jesus helfen, das Reich Gottes zu bauen und ist gerufen, Barmherzigkeit zu üben.

Auch die, die gut drauf sind, finden sich außerdem manchmal irgendwo hocken, wo es ihnen gar nicht gut geht, wie dem Matthäus am Zoll, und wo sie es durchaus nötig haben, dass jemand sie als Mensch sieht und mit Namen kennt, ihre Individualität beachtet, nicht Leistung von ihnen will, sondern Freundlichkeit schenkt und eine Richtung aus der Sackgasse zeigt: Steh auf und folge IHM nach.

So hören wir heute von Jesus eine doppelt gute Botschaft: Folge mir nach! Und: Lerne Barmherzigkeit! Amen

Septuagesimae 2013, Ludwigskirche Freiburg

Matthäus 9,35-10,7: Die Ernte ist groß

Und Jesus ging ringsum in alle Städte und Dörfer, lehrte in ihren Synagogen und predigte das Evangelium von dem Reich und heilte alle Krankheiten und alle Gebrechen. Und als er das Volk sah, jammerte es ihn; denn sie waren verschmachtet und zerstreut wie die Schafe, die keinen Hirten haben. Da sprach er zu seinen Jüngern: Die Ernte ist groß, aber wenige sind der Arbeiter. Darum bittet den Herrn der Ernte, dass er Arbeiter in seine Ernte sende.

Und er rief seine zwölf Jünger zu sich und gab ihnen Macht über die unreinen Geister, dass sie die austrieben und heilten alle Krankheiten und alle Gebrechen.

Die Namen aber der zwölf Apostel sind diese: zuerst Simon, genannt Petrus, und Andreas, sein Bruder; Jakobus, der Sohn des Zebedäus, und Johannes, sein Bruder; Philippus und Bartholomäus; Thomas und Matthäus, der Zöllner; Jakobus, der Sohn des Alphäus, und Thaddäus; Simon Kananäus und Judas Iskariot, der ihn verriet.

Diese Zwölf sandte Jesus aus, gebot ihnen und sprach: Geht nicht den Weg zu den Heiden und zieht in keine Stadt der Samariter, sondern geht hin zu den verlorenen Schafen aus dem Hause Israel. Geht aber und predigt und sprecht: Das Himmelreich ist nahe herbeigekommen.

Liebe Gemeinde!

Was hören wir? Was sehen wir, wenn wir uns das Gehörte wie einen Film vor Augen stellen?

Wir sehen Jesus, der umherzieht in Galiläa, der lehrt, der heilt, der sieht, den es jammert, der spricht, ruft, gibt, nennt, sendet, gebietet – außerordentlich tätig ist er.

Wir sehen die Jünger bei Jesus, die von ihm aufgefordert werden zum Gebet, deren Namen genannt werden, jeder einzelne, die zusammengerufen werden, denen Macht gegeben wird, die gesandt werden und beauftragt.
Wir sehen das Volk, in Städten und Dörfern und Synagogen, es ist krank, voller Gebrechen, es ist verschmachtet und zerstreut, wie Schafe, die keinen Hirten haben, wie verloren.
Wir hören auch von Heiden und Samaritern, an denen die Jünger vorübergehen sollen.

Wo sehen wir uns selbst?
Bei den Heiden oder Samaritern, an denen das alles vorübergeht?
Bei den verlorenen Schafen, ratlos, zerstreut, krank, bejammerungswürdig?
Bei den Jüngern? Gerufen, berufen, gesendet?
Wo sieht uns Jesus?

Jesus sieht in diesem Abschnitt des Matthäus sehr genau hin: Er sieht das Volk und es jammert ihn – und sicher ist es so, dass er jeden einzelnen sieht in seiner, in ihrer ganzen Geschichte. Mit all den Aufs und Abs, den Demütigungen und Enttäuschungen, der krankmachenden Geschichte, den bösen Gedanken, der Depression. Gehen Sie einmal so mit diesem Blick von Jesus auf die Kaiser-Joseph-Straße, wie viel beschädigtes Leben begegnet da, wenn Sie in die Gesichter schauen, den Gang und die Haltung betrachten, wie viel Gebeugtes und Verletztes, wie viel Sehnsucht und wie viel Enttäuschung und Hoffnungslosigkeit, wie viel Verwirrung und Ratlosigkeit, wie viel Irrtum und wie viel Sinnloses. Zum Erbarmen. Es jammert einen, die Eingeweide tun weh, so heißt dieses griechische Wort im Wortlaut.
Es ist kein Zweifel, dass wir selbst auch immer wieder einmal mehr oder weniger lang, mehr oder weniger intensiv solch ein jammervoller, bedürftiger Mensch sind, dem geholfen werden muss.

Jesus allerdings jammert nicht. Er hat den guten, auch den scharfen Blick, und es jammert ihn, aber er jammert nicht über sein Volk, die Zustände, über die Zeit und was alles nicht mehr ist und früher doch vielleicht alles besser war.

Nein, er geht in eine ganz andere Richtung und alle, die bei uns den Untergang dessen, was in ihrer Jugend noch gut war, bejammern, haben in ihm keinen Fürsprecher. Er sieht keinen Untergang, sondern er sieht die Ernte. Ernte ist das Gegenteil von Untergang, Ernte, das ist Zukunft. Ernte das ist Ende des Jammers. Ernte ist schön, Ernte ist fröhlich. Die Ernte ist groß. Es gibt viel Arbeit, aber das wichtige daran ist: Diese Arbeit sichert die Zukunft.

In Jesu Gleichnis vom Unkraut unter dem Weizen kommt die Ernte noch einmal vor: Da sind die Erntehelfer, die Schnitter, keine Menschen, sondern Engel (Mt 13,39). Im damaligen Judentum war das Bild der Ernte auch ein Bild für das Jüngste Gericht und sicherlich spielt dies auch in unsere Stelle mit hinein. Es werden ja auch die Jünger zunächst nicht zum Arbeiten aufgefordert, sondern zum Beten.

Gebet ist die Grundlage aller Arbeit im Weinberg Gottes. „Wenn der Herr nicht das Haus baut, so arbeiten umsonst, die daran bauen" (Ps 127,1), weiß der Psalmbeter.

Die Ernte ist groß, sagt Jesus. Das gilt auch heute, das gilt in der Kirche, das gilt unter allen Umständen, unter allen kulturellen Bedingungen: Die Ernte ist groß. Auch hier bei uns in Freiburg, in der Pfarrgemeinde Nord auch.

Worin besteht die Ernte? Wir können uns leiten lassen vom Bild des guten Hirten. Denn das ist der Blick, mit dem Jesus auf sein verirrtes, verwundetes, zerstreutes Volk sieht. Die Ernte besteht darin, dass Gott seine Menschen wieder findet und sie heilt. Die Ernte besteht darin, dass Menschen wieder zu ihrem Gott finden und dabei zu sich selbst, so dass ihre Gottebenbildlichkeit wieder deutlich wird.

Jeder einzelne Mensch, dem geholfen wird, jeder einzelne, der in seinem Leben Gott am Wirken sehen kann, jeder einzelne Mensch, dem durch den Heiligen

Geist in irgendeiner seiner vielen Gestalten die Liebe Gottes begegnet, ist ein Teil dieser großen Ernte.

Bei der Ernte geht es um Menschen, die vor ihrem Gott stehen, die mit ihrem Gott in Kontakt sind, Menschen, die wissen, dass sie ihr Leben Gott verdanken und bei ihm eine Wohnung haben in Ewigkeit. Menschen, die nach Hause kommen, das ist Gottes Ernte. Daher das Gebet, daher die Engel.

„Die Ernte ist groß und wenige sind der Arbeiter. Bittet den Herrn der Ernte, dass er Arbeiter in seine Ernte sende." In seiner unnachahmlichen Knappheit und Direktheit überliefert uns der Evangelist Matthäus dieses Wort. Für den Herrn der Ernte soll nichts verloren gehen. Kein Mensch soll verloren gehen.

Dabei sollen die Jünger Jesu mithelfen. Er ruft sie zusammen, ausdrücklich seine Zwölf und man erkennt, dass wirklich jeder Einzelne als er selbst wichtig ist: Zwölf Männer, jeder mit Namen genannt, (die vier ersten übrigens Brüderpaare, auch das hat bestimmt eine Bedeutung) alle zwölf stehen für die zwölf Stämme Israels die Jesus in seine Ernte sendet. Er ruft sie, er stattet sie mit Vollmacht aus, dass sie, wie er, heilen und böse Geister austreiben und wie er predigen: „Das Himmelreich ist nahe herbeigekommen." Die Zukunft beginnt.

Es ist eine pfingstliche Erfahrung, die die Jünger machen, eine lange Zeit vor dem Pfingstfest selbst. Der irdische Jesus, nicht der Auferstandene beruft sie, er sendet sie nur zu Israel, noch nicht in die ganze Welt, das wird erst am Ende des Evangeliums im Taufauftrag des Auferstandenen geschehen. Hier wird nur deutlich: Die Apostel, die Jünger handeln im Auftrag Jesu und setzen fort, was er begonnen hat. Allerdings erfahren wir von Matthäus nicht, ob die Jünger wirklich ausgezogen sind und was sie erlebt haben. Seine Worte aber sind ein Vorschein dessen, was sie dann in ihrer Sendung durch den Auferstandenen an Himmelfahrt und Pfingsten erfahren.

Später werden sie sich wieder daran erinnert haben und sich sagen: „Damals schon... hat er uns nicht von Anfang an gesendet? Hat er uns nicht die Worte unserer Predigt in den Mund gelegt: Das Himmelreich ist nahe herbeigekommen ... und hat er uns nicht gelehrt, die Menschen mit seinen Augen zu sehen? Damals schon!"

Wir kennen das aus der eigenen Biographie, dass wichtige Dinge sich schon früh angekündigt haben, ohne dass wir es damals schon bemerken und ahnen konnten.

Die Jünger Jesu haben früh erfahren, was Jüngerschaft heißen kann: Menschen mit den Augen Jesu sehen lernen, Gott um die Vollendung bitten, losgehen, Gutes tun.

Nach Pfingsten ist das ein gutes Programm auch für uns. Amen

1.Sonntag nach Trinitatis 2013, Ludwigskirche Freiburg

Lukas 22,31-34: Stärke deine Brüder

Liebe Gemeinde!
Mit dem heutigen Predigtwort zu Beginn der Passionszeit versetzt uns der Evangelist Lukas in die Abendmahlsszene und wir erleben Jesus im Gespräch, nachdem er Brot und Wein unter die Zwölf verteilt hat.
Jetzt spricht er mit Simon Petrus:

Simon, Simon, siehe, der Satan hat begehrt, euch zu sieben wie den Weizen. Ich aber habe für dich gebeten, dass dein Glaube nicht aufhöre. Und wenn du dereinst dich bekehrst, so stärke deine Brüder. Er aber sprach zu ihm: Herr, ich bin bereit, mit dir ins Gefängnis und in den Tod zu gehen. Er aber sprach: Petrus, ich sage dir: Der Hahn wird heute nicht krähen, ehe du dreimal geleugnet hast, dass du mich kennst.

Es ist bitterer Ernst und er betrifft nicht Jesus allein, sondern alle, die bei ihm sind ebenso.
Jesus richtet das Wort an Petrus und spricht ihn mit dem Namen an, auf den er von Kindheit an gehört hat: Simon, der Fischer, bei dem Jesus ins Boot gestiegen ist, der sich erschrocken hat über die Heiligkeit Jesu. Simon, der ihn erkannt hat als den Gesalbten Gottes. Simon, der mit auf den Berg der Verklärung durfte und dort einen Vorschein der Auferstehung selbst erlebte.
Nun offenbart ihm Jesus seine Zukunft und die ist in der Nähe des Gesalbten Gottes nicht rosig, sondern gefährlich. Gefährlich nicht nur in körperlicher Hinsicht, gefährlich auch in geistlicher Hinsicht. Sein Glaube steht auf dem Spiel, sein Vertrauen, seine Identität, und mit ihr seine Zugehörigkeit zu Gott, sein ewiges Leben, sein Heil.
„Der Satan hat begehrt, euch zu sieben wie den Weizen." Ein Bild, in dem deutlich wird, wie ein Mensch auf die Probe gestellt wird, dass man erkennen

kann, ob er sich bewährt im Glauben, in der Liebe, in der Menschlichkeit, oder ob er versagt – ob er Samenkorn ist, aus dem etwas Nahrhaftes wächst, oder ob er als Spreu zurückbleibt, leere Hülle, gewogen und zu leicht befunden.

Wer denkt sich so etwas aus? Wer lässt so etwas zu? Diese Zeiten, in denen es uns durchschüttelt, in denen wir den Boden unter den Füßen verlieren, die uns vor Herausforderungen stellen, die wir uns niemals gewünscht haben...

„Der Satan hat begehrt..." Wir erinnern uns an Hiob, den auch der Satan begehrte, um seinen Glauben zu prüfen und immer fragt man sich, kann das denn sein, dass Gott dem Satan, dem Verkläger, einen solchen Spielraum in der Welt einräumt?

Später, als Jesus gefangen genommen wird, sagt er zu den Häschern: „dies ist eure Stunde und die Macht der Finsternis" (Lk 22,23).

Der ganze Jüngerkreis entgeht der Macht der Finsternis nicht. Bemerkenswert ist, dass Jesus zwar den Simon anredet, aber dann doch von allen spricht: „Der Satan hat begehrt, euch zu sieben wie den Weizen." Alle sind sie gemeint. Das gehört zur Geschichte der Erlösung dazu, dass sie in jener Nacht alle flohen. In diesen Strudel des Negativen werden viele hineingezogen und sie bewähren sich oder auch nicht und es gibt kein Ansehen der Person. Petrus kann sich nicht darauf berufen, dass er schon immer zum innersten Kreis der Zwölf gehört hat, dass er als erster zum Bekenntnis des Messias gefunden hat – niemand kann sich auf seine Taten oder seinen Stand in der Welt berufen, wenn er im Sieb des Satans landet.

Als Person ist Petrus doch integer, tapfer, voll guten Willens. „Ich bin bereit, mit dir ins Gefängnis und in den Tod zu gehen." Er meint es ernst. Aber er kann sich nicht auf sich selbst verlassen. Das ist das Beschämende an solchen Prüfungen, dass die Sicherheit, mit der Petrus seine Aussagen macht, ihn nicht trägt. Es schützt ihn ja nicht einmal, dass Jesus ihm vorhersagt, wie es ihm ergehen wird - ehe der Hahn kräht, wird er Jesus verleugnet haben.

Spannend ist übrigens, dass Jesus ihn hier nicht mehr mit Simon, seinem

Geburtsnamen, sondern mit seinem neuen Ehrennamen Petrus anredet: „Petrus, ich sage dir, der Hahn wird heute nicht krähen, ehe du dreimal geleugnet hast, dass du mich kennst." Jesus nimmt ihm den Namen Petrus nicht weg, gerade nicht, er baut seine Kirche dennoch auf diesen Fels.

Jesus steht zu Petrus, auch wenn er versagt und das ist sein Schutz – Jesus spricht es aus: „Ich habe für dich gebetet, dass dein Glaube nicht aufhöre". Diese Fürbitte Jesu hält Petrus an ihm und verhindert, dass er in Selbsthass gerät, als er entdeckt, was er getan hat. Jesus betet für Petrus, wie er für die bittet, die ihn kreuzigen, wie er für den Schächer am Kreuz neben ihm betet – wie er für jede und jeden von uns betet. *Seine* Fürbitte hält uns im Glauben, hält uns an ihm. Seine Fürbitte ist er Boden, auf dem wir stehen können, wenn alles wankt.

So ist Jesus der Mittler zwischen Gott und den Menschen, indem er für uns bittet, und so stellt er sich Satan, dem Bösen, entgegen. Paul Gerhardt hat das in einem seiner Morgenlieder in Verse gebracht: „Heut, als die dunklen Schatten mich ganz umgeben hatten, hat Satan mein begehret. Gott aber hat's verwehret." (EG 446,2) Paul Gerhardt wusste, wovon er redete. Von ihm ist ein Bild überliefert, ein Gemälde mit der Unterschrift: Ein Theologe, im Sieb des Satans geprüft, „Theologus in cribo satanae tentatus". Auch Paul Gerhardt hat vom Gebet Jesu gelebt, dass sein Glaube nicht aufhöre. Aber wie hat sein Glaube Früchte getragen bis heute! Der Text der Kantate, die wir heute hören, geht auf ihn zurück. In ihr kommt der schöne Satz vor, „ob wir uns wohl mit Petro zu Jesus wenden".

Wenden, umwenden, das ist das nächste Stichwort.

Denn Petrus hat nicht nur die Versicherung der Fürbitte Jesu, er hat auch ein Wort für die Zukunft und einen Auftrag: „Wenn du dereinst dich bekehrst, so stärke deine Brüder."

"Wenn du dereinst dich bekehrst", was ist damit gemeint? Im Griechischen steht hier das Wort für sich umdrehen, umwenden; es handelt sich dabei um ein anderes Wort als das, was wir gewöhnlich für "Buße tun" kennen, bei dem es darum geht, dass wir unseren Sinn wandeln müssen, eine neue Richtung, eine neue Einsicht des Denkens erfahren. Darum geht es hier nicht. Eher geht es darum, wieder auf den rechten Weg zurückfinden. Man hat sich verirrt, hat sich verlaufen, vielleicht sogar im Eifer für die Sache und muss sich nun umwenden, um wieder auf den rechten Weg zu kommen. Der Evangelist verwendet dieses Wort übrigens auch in der Szene, in der Petrus Jesus dann wirklich verleugnet und die verhängnisvollen Worte „ich kenne ihn nicht...ich weiß nicht wovon du redest" sagt – und als der Hahn kräht, wendet (Lk 22,62) sich Jesus um (dieses Wort! allerdings ohne seine Vorsilbe, Jesus wendet sich einfach) und sieht Petrus an. Lukas zeigt mit dieser doppelten Verwendung des Wortes „umkehren, wenden", was Jesus hier meint: Dass ich, die ich immer wieder bin wie Petrus und meinen Weg, mein Ziel verliere, mich umwende zu dem, der sich hinwendet zu mir. Petrus fängt in diesem Augenblick bitterlich an zu weinen und in diesem weinen der Erkenntnis über sich selbst liegt sein Sichumwenden, liegt sein Gehaltensein im Gebet Jesu.

Trotz dieser bitteren Selbsterkenntnis bleibt er Petrus. Jesus hört nicht auf, ihn mit diesem Namen anzureden und er gibt ihm einen großen Auftrag: "Stärke deine Brüder."

Vielleicht ist niemand geeigneter als Petrus, die Brüder und auch die Schwestern zu stärken, nachdem er die Erfahrung des Versagens hat machen müssen. Wie soll einer, der nie schwach war, wissen, wie es den Schwachen geht? Wie soll einer, der immer gesund ist, wissen, wie sich Krankheit anfühlt? Die Tiefgründigkeit des Lebens ermisst nur ein Mensch, der oder die selbst in der Tiefe gewesen ist, „aus der Tiefe rufe ich zu dir, Herr, höre mein Gebet" (Ps 130,1) so heißt es im Psalm. Oder anders gesagt: Wem selbst geholfen wurde, der kann anderen helfen: Stärke die Geschwister. Wie Petrus das machen soll, sagt ihm Jesus nicht. Das ist später seiner Kreativität, seiner Kraft, seinem Einfühlungsvermögen anvertraut. Das kann sich wandeln im Laufe der

Geschichte der Kirche und ihrer Menschen. Aber es ist der seelsorgerliche Auftrag der Kirche: Die Brüder und Schwestern zu stärken. Damit wir das in unserer Weise tun können, hilft es uns, uns Jesus zuzuwenden und uns stärken zu lassen von ihm, seiner Ermutigung, seinem Gebet für uns, seinem liebevollem Blick und seinem Abendmahl, Brot und Wein an seinem Tisch. Amen

Invocavit 2013, Ludwigskirche Freiburg

Matthäus 6,5-13: Das Gebet im Kämmerlein

Liebe Gemeinde!
Die Taufe aus Wasser und Geist ist unsere spirituelle Nabelschnur zur ungeschaffenen Wirklichkeit, die wir Gott nennen und die uns in Jesus Christus aufgeleuchtet ist.
Wie können wir Kontakt zu dieser Wirklichkeit bekommen und halten, wie geschieht Beziehung zu Gott, dem Vater, dem Sohn dem Heiligen Geist?
Der Sonntag Rogate, den wir heute feiern lädt uns ein, es mit dem Gebet zu versuchen. Wir hören aus dem Evangelium des Matthäus im 6. Kapitel:

Und wenn ihr betet, sollt ihr nicht sein wie die Heuchler, die gern in den Synagogen und an den Straßenecken stehen und beten, damit sie von den Leuten gesehen werden. Wahrlich, ich sage euch: Sie haben ihren Lohn schon gehabt. Wenn du aber betest, so geh in dein Kämmerlein und schließ die Tür zu und bete zu deinem Vater, der im Verborgenen ist; und dein Vater, der in das Verborgene sieht, wird dir's vergelten. Und wenn ihr betet, sollt ihr nicht viel plappern wie die Heiden; denn sie meinen, sie werden erhört, wenn sie viele Worte machen. Darum sollt ihr ihnen nicht gleichen. Denn euer Vater weiß, was ihr bedürft, bevor ihr ihn bittet. Darum sollt ihr so beten: Unser Vater im Himmel! Dein Name werde geheiligt. Dein Reich komme. Dein Wille geschehe wie im Himmel so auf Erden. Unser tägliches Brot gib uns heute. Und vergib uns unsere Schuld, wie auch wir vergeben unsern Schuldigern. Und führe uns nicht in Versuchung, sondern erlöse uns von dem Bösen.

Liebe Gemeinde!
„Wenn Du betest, geh in dein Kämmerlein". Das Vaterunser ist selbst so ein Kämmerlein, klein, und geht doch die ganze Welt hinein, sieben Bitten entsprechend den sieben Schöpfungstagen, sieben Bitten, die für unsere

Wirklichkeit stehen, und Gott selbst, an den wir uns richten. „Wenn Du betest, geh in dein Kämmerlein", geh in dein Vaterunser.

Das erste, was du da erfährst, auch wenn du ganz allein in deinem Kämmerlein bist und die Tür verschlossen hast: Du bist nicht allein: „Vaterunser im Himmel". Du hast einen Vater im Himmel. Gott ist kein abstraktes Prinzip, sondern einer, der liebend und barmherzig auf dich schaut und doch die gesamte Energie des Universums in sich trägt. Zugleich hast du Menschen, denen er auch Vater ist, du hast Geschwister – allen voran Jesus Christus, der uns dies Gebet lehrte, unser Bruder und Herr.

Die Anrede verbindet uns mit Gott und mit der Menschheitsfamilie, sie verbindet uns mit Christus und mit den Schwestern und Brüdern im Glauben. „Vater unser im Himmel".

So lässt uns schon die Anrede viel Raum, dass unser ganzer familiärer Hintergrund mitschwingt – und es ist gut, den ins Bewusstsein zu heben: Wie habe ich Väterlichkeit erlebt? Welche Vaterfiguren kenne ich, im Guten, wie im Schlechten? Wer sind meine geistigen und geistlichen Väter? Welche Freiheit eröffnet sich mir zwischen den eigenen Vatererfahrungen und der Rede von Gott als Vater? Ist es nicht manchmal wie ein Schock, zu erkennen, dass der eigene Gott Vater auch der Vater der anderen ist? Was folgt daraus an Brüderlichkeit und Schwesterlichkeit? Schon bei der Anrede könnte man den ganzen Tag verweilen!

Wir gehen aber jetzt weiter.

Sicherlich ist Ihnen schon aufgefallen, dass sich nach der Anrede die Bitten des Vaterunsers in zwei Teile aufteilen: Die ersten drei, die sich auf Himmlisches beziehen und die zweiten vier, die sich auf Irdisches beziehen.

„Geheiligt werde dein Name,
Dein Reich komme
Dein Wille geschehe"

Mit diesen drei Bitten gehen wir als erstes von uns selbst fort auf Gott zu. Das ist der Reichtum unserer leeren Hände. Wir bitten nichts für uns, auch nichts für andere, wir bitten uns hinein in den Raum Gottes: Sein Name, sein Reich, sein Wille – unsere Seele weitet sich über uns selbst hinaus und Gott mit seinem Namen, seinem Reich und seinem Willen kommt zu uns, kommt in uns.

Luthers Auslegung dieses Gebets in seinem kleinen Katechismus, der übrigens in unserem Badischen Gesangbuch abgedruckt ist, weil er zu den Bekenntnisschriften der Badischen Landeskirche gehört, beschreibt das so:

*„Gottes Name ist zwar an sich selbst heilig, aber wir bitten in diesem Gebet, dass er auch **bei uns** heilig werde.*
*Gottes Reich kommt zwar ohne unser Gebet von sich selbst, aber wir bitten in diesem Gebet, dass es auch **zu uns** komme.*
*Gottes guter, gnädiger Wille geschieht zwar ohne unser Gebet, aber wir bitten in diesem Gebet, dass er auch b**ei uns** geschehe."*

Indem wir die ersten drei Bitten des Vaterunsers beten, öffnen wir uns dafür, dass sein Name bei uns heilig wird, sein Reich zu uns kommt und sein Wille bei uns geschieht, genauer, dass sein Name **bei mir** geheiligt wird, sein Reich **zu mir** kommt, sein Wille **bei mir** geschieht. Man darf das alles sehr genau auf sich selbst beziehen.

Sein Name ist der, in dem er sich uns offenbart hat – „ich bin der ich bin". Am brennenden Dornbusch offenbarte er Mose diesen Namen, der über allen Namen steht, die ihm sonst gegeben werden, der Heilige Israels, der Gnädige, Barmherzige, der Vater, die Mutter, Jesus Christus, Heiliger Geist, der Gott, der mich sieht, oder wie Sie immer Gott nennen und erfahren haben – in seinem Namen ist er da für uns, für jede und jeden, in seinem Namen gibt er seine verborgene Gegenwart zu erkennen, damit wir unsere Gegenwart von der seinen verwandeln lassen.

Sein Reich hält er als Zukunft für uns bereit und hat es doch schon in Jesus Christus begonnen, in ihm ist es mitten unter uns angebrochen, sein Reich ist im Werden, denn die Zeit liegt in seiner Hand. In vielen Gleichnissen hat Jesus beschrieben, was es mit dem Reich Gottes auf sich hat und wie es die Ordnung der Welt verwandelt. Sein Wille aber umfasst Vergangenheit, Gegenwart und Zukunft, umfasst jede Einzelheit der Schöpfung, die aus seiner Kreativität entsprungen ist und weitet sich grenzenlos, jeder Ort soll von ihm durchdrungen sein, Himmel und Erde.

„Wie im Himmel so auf Erden" – dieser Ausdruck nimmt vorweg, was nach den drei himmlischen Bitten im Vaterunser geschieht: Nun sind wir auf der Erde.

Auf einmal scheint Schluss zu sein mit diesen göttlichen Dingen, durch die wir unserem irdischen Kleinklein enthoben waren und den Blick gehoben, den Atem vertieft haben.

Nun kommen die irdischen Bitten und wir können diesen Übergang vom Himmel zur Erde als etwas sehr Hartes, Nüchternes erleben. Aber die Bitten um Irdisches stehen doch im Licht dessen, was vorher gebetet wurde. Der große Theologe Adolf von Harnack schreibt dazu in seinem Buch „Das Wesen des Christentums" *(Leipzig 1900, S.42)*:

„Der Name, der Wille, das Reich Gottes – diese ruhenden und stetigen Elemente sind ausgebreitet auch über die irdischen Verhältnisse. Sie schmelzen alles Eigensüchtige und Kleine hinweg und lassen nur vier Stücke bestehen, derentwegen es sich lohnt zu bitten: Das tägliche Brot, die tägliche Schuld, die täglichen Versuchungen und das Böse des Lebens. Es gibt nichts in den Evangelien, was uns sicherer sagt, was Evangelium ist, und welche Gesinnung und Stimmung es erzeugt als das Vater – Unser."

Das tägliche Brot: Niemand hat schöner als Martin Luther in seinem kleinen Katechismus beschrieben, worin das tägliche Brot besteht. Auf die Frage: Was heißt denn „tägliches Brot?" antwortet er:

„Alles, was not tut für Leib und Leben, wie Essen, Trinken, Kleider, Schuh, Haus, Hof, Acker, Vieh, Geld, Gut, fromme Eheleute, fromme Kinder, fromme

Gehilfen, fromme und treue Oberherren, gute Regierung, gutes Wetter, Friede, Gesundheit, Zucht, Ehre, gute Freunde, treue Nachbarn und dergleichen."

Wenn das auch alles beinhaltet, was wir brauchen, ist die Bitte ums tägliche Brot doch eine sehr bescheidene – und doch: Wie viele Menschen auf der Erde haben es nicht, ihr tägliches Brot! Sie alle sind mit gegenwärtig, wenn wir beten: „Unser tägliches Brot gib uns heute."

Die Bitte ums tägliche Brot ist die Bitte um Ordnung und Gerechtigkeit im Äußeren, die Bitte um die Vergebung der Schuld ist die um Ordnung und Gerechtigkeit im Innern.

Denn ist alles tägliche Brot vorhanden, und wie bei uns doch oft im Überfluss, dann ist dennoch keine Ruhe, solange die Schuld uns bindet.

Diese Bitte hat als einzige eine zweifache Seite, mit keiner anderen Bitte sind wir in unserer seelischen Aktivität so gefragt wie in dieser.

Denn die Schuld, die wir selbst begehen, muss uns Gott vergeben, damit wir wieder gut leben können – wohl können wir uns entschuldigen und versuchen, wieder gut zu machen, wohl müssen wir uns auch selbst vergeben, was wir getan haben, aber in der Tiefe brauchen wir Gottes Vergebung, damit Neues werden kann. Denn ob der, an dem wir schuldig geworden sind, uns je vergibt, darauf haben wir keinen Einfluss – aber Gott vergibt uns, wenn wir ihn bitten. Das ist Vergebung in der Tiefe. Wenn Gott vergeben hat, dann ist zwar nicht die Tat, aber unsere Schuld fort.

Etwas anderes als die Schuld, die wir auf uns geladen haben, ist aber das Unrecht, das wir erlitten haben, weil <u>andere</u> an uns schuldig geworden sind. Auch hier stellt sich die Frage der Vergebung, aber es ist die Frage, ob wir vergeben können, was uns angetan wurde.

Wenn wir nicht vergeben können oder wollen, dann ist die Schuld der anderen immer gegenwärtig und wir leiden immer weiter an dem uns angetanen Unrecht und leiden noch zusätzlich am Nicht-Vergeben-Können. Wenn wir unseren Schuldigern vergeben, können wir aufhören, an der fremden Schuld zu leiden, kann Gott Neues wachsen lassen. Schuld, eigene, oder die uns angetane, bindet uns an die Vergangenheit. Vergebung befreit aus dieser Bindung.

Das tägliche Brot, Ordnung und Gerechtigkeit von außen: Die Bitte um erfüllte Gegenwart.

Die tägliche Schuld, Ordnung und Gerechtigkeit im Inneren: Die Bitte um eine von der Vergangenheit her offene Gegenwart.

Die tägliche Versuchung. Hier geht es um die Zukunft. Denn wir wissen nicht, was auf uns zukommt und ahnen nur, dass es nicht einfach sein könnte. Wie werden wir uns als Eltern in schwierigen Situationen mit unseren Kindern verhalten? Welche Entscheidungen kommen in unserem Berufsleben, in unserer politischen Wirklichkeit auf uns zu? „Führe uns nicht in Versuchung." Ich finde dies die abgründigste Bitte des Vaterunsers und kenne Menschen, die sie für sich abgewandelt haben und beten: „Und führe uns in der Versuchung".

Luther sagt dazu:

„Gott versucht zwar niemand; aber wir bitten in diesem Gebet, dass uns Gott wolle behüten und erhalten, damit uns der Teufel, die Welt und unser Fleisch nicht betrüge noch verführe in Missglauben, Verzweiflung und andere große Schande und Laster und wenn wir damit angefochten würden, dass wir doch endlich gewinnen und den Sieg behalten."

Diese Bitte zeigt uns, dass das Leben nicht harmlos ist, dass wir unseren Weg verfehlen können, dass wir zur Entscheidung gerufen sind, nicht nur einmal, sondern immer wieder. Sie ist die Bitte darum, dass die Zukunft nicht als Überforderung auf uns zukommen möge, dass die Gegenwart nicht von der Zukunft bedroht ist. Allen drei Bitten geht es darum, dass die Gegenwart im Lichte Gottes erfüllt, frei und offen gelebt werden kann, denn Gottesbegegnung, Beziehung mit ihm spielt sich immer in der Gegenwart ab.

Aber die Erde und wir mit ihr sind noch bedroht vom Bösen, auch wenn Christus den Sieg in der Osternacht errungen hat. Darum die letzte Bitte: erlöse uns von dem Bösen! Das Böse als Zusammenfassung all dessen, was nicht so ist, wie es sein soll, ohne dass wir es ändern könnten. Das begegnet uns im persönlichen und im weltpolitischen Maßstab.

In den alten Texten des Matthäusevangeliums endet Jesu Gebet mit diesem Wort. Schon früh wurde aber ein Zusatz angefügt, vielleicht weil dieses Gebet doch nicht mit dem Bösen aufhören soll, sondern deutlich werden soll, aus welcher Kraft heraus uns Gott vom Bösen erlöst:

„Denn dein ist das Reich und die Kraft und die Herrlichkeit in Ewigkeit" – die Zusammenfassung eines Lobliedes aus dem 1. Buch der Chronik, Kap 29,11-13:

"Dein, HERR, ist die Majestät und Gewalt, Herrlichkeit, Sieg und Hoheit.
Denn alles, was im Himmel und auf Erden ist, das ist dein.
Dein, HERR, ist das Reich, und du bist erhöht zum Haupt über alles.
Reichtum und Ehre kommt von dir, du herrschest über alles.
In deiner Hand steht Kraft und Macht, in deiner Hand steht es,
jedermann groß und stark zu machen.
Nun, unser Gott, wir danken dir und rühmen deinen herrlichen Namen."

Dieser Lobpreis wölbt noch einmal den Himmel über uns als die Gewissheit der göttlichen Gegenwart und wenn das Vaterunser das Kämmerlein ist, in das wir uns zurückziehen zum Beten, dann ist dieser Lobpreis am Ende wie das schützende Dach oder das Licht des Himmels. Amen

Rogate 2013, Ludwigskirche Freiburg

Matthäus 13,44: Der Schatz im Acker

"Das Himmelreich gleicht einem Schatz, verborgen im Acker, den fand ein Mensch und verbarg ihn. Und in seiner Freude ging er hin, verkaufte alles, was er hatte und kaufte jenen Acker."

Liebe Gemeinde!
Das Himmelreich gleicht einem Schatz. Das Leben mit Gott ist ein Schatz, wertvoll, kostbar, selten, neiderregend, viele Möglichkeiten eröffnend. Wäre es nicht schön, einen Schatz zu haben? Den Schatz zu haben, durch den das ganze Leben in einen Glanz gehüllt wird, durch den alle Sorgen verwandelt und alle Begegnungen lebendig werden? Es gibt ihn, diesen Schatz – aber er ist verborgen im Acker.
Der Acker, das ist die Erde, also die Welt, unsere Welt. In ihr ist dieser Schatz verborgen. In der Welt mit ihrer Müh und Plage, ihrem ganzen Hin und Her und Auf und Ab, ihrem Sichgeben und Sichverweigern, ihren Tagen und Nächten, ihren Schönheiten und Widersprüchen.
Wenn dieser Acker die Welt ist, dann ist er auch meine Welt, nicht nur die Welt allgemein, meine Welt, in der ich lebe, der Acker meines Lebens, mit seiner Mühe und Plage, seiner Arbeit, seinen Freuden, den hellen und den traurigen Stunden, die mein Leben hat. In all dem ist Gott, Gottes Reich.
Das Gottesreich ist in der Welt, ist in meinem Leben wie ein Schatz.
Da gibt es doch viel in unserem Leben, das wie ein Schatz ist: Unsere Begabungen und Kenntnisse sind ein Schatz, unsere Erfahrungen und unsere Geschichte. Menschen sind für uns ein Schatz, jedes neugeborene Kind, wir tragen es vorsichtig, wie einen großen Schatz. Oder dass einem jemand mit Vertrauen entgegenkommt, Eltern, Geschwister, Großeltern, Paten, Kinder, Freunde – ein großer Schatz in unserem Leben ist das alles.

Unser Körper ist ein Schatz, dass wir essen und trinken können, schmecken und sehen, uns bewegen, alle unsere Sinne gebrauchen, das ist ein Schatz.

Dass wir etwas von Gott erfahren, dass es die Kirche, dass es die Gemeinde gibt, dass so etwas überhaupt da ist, auch das ist ein Schatz; die Bibel, in der wir unser Leben lang nicht zu Ende lesen können, die Taufe, das Zeichen der Zugehörigkeit, Brot und Wein, die Zeichen der Versöhnung mit Gott und den anderen. Gott ist in der Welt wie ein Schatz. Ohne diesen Schatz wäre unser Leben arm und ohne Glanz.

Aber: Das Himmelreich ist <u>verborgen</u> wie ein Schatz im Acker. Das Schatzsein liegt nicht offen zu Tage. Auch nicht bei den Menschen, sie sind nicht einfach nur Schätze, sie gehen einem manchmal auf die Nerven, sie stören, sie tun weh.

Erst recht ist es nicht einfach mit Gott. Er ist doch so verborgen. Wir können auch gar nicht sagen: „Sieh hin, hier ist Gott. Hier ist das Himmelreich!" Wir leiden unter so vielem, Krankheiten, Ungerechtigkeiten: Wo ist denn Gott? Verborgen ist er. Gott, der unser Schatz ist, das Beste was wir haben, er ist verborgen in der Welt. Nun könnte man das Buch zuklappen und sagen: „So ist es leider, Gott ist verborgen, wir sehen ihn nicht. Lassen wir es." Aber die Geschichte, die Jesus erzählt, fängt damit erst an.

Denn ein Mensch findet den Schatz im Acker. Er gräbt da herum, oder tut, was er immer tut – und er findet einen Schatz. Das Himmelreich ist ein Schatz, verborgen im Acker unseres Lebens und manchmal wird es gefunden. Ob der Mensch suchte oder nicht suchte, jedenfalls ist ihm Gott begegnet. "Wenn ihr mich von ganzem Herzen suchen werdet, so will ich mich von euch finden lassen" (Jer 29,13) heißt es beim Propheten Jeremia (das Motto für Schatzsucher des Himmelreiches).

Dieser Mensch hat gefunden. Einen glücklichen Augenblick lang hat er den Schatz in Händen gehalten. Kennen Sie das? Haben Sie den Schatz auch schon in Händen gehalten? Hatten Sie solch einen glücklichen Augenblick, in dem Sie etwas geahnt haben, gewusst haben, gespürt haben von der Gegenwart Gottes? Wie haben Sie reagiert? Was haben Sie getan?

Der Mensch, von dem Jesus erzählt, was macht er als erstes? Er vergräbt den Schatz wieder. Ist das zu fassen? Ja, schon. Denn wenn einem etwas ganz Wichtiges begegnet ist, dann kann man davon nicht gleich überall reden. Eine Frau, die schwanger geworden ist, erzählt es nicht als erstes überall herum und diejenigen, die sich neu verlieben, posaunen das zunächst auch nicht groß heraus, sondern verbergen es vor den anderen – vielleicht sogar vor der besten Freundin, oder, ist man jung, vor den Eltern. Man verbirgt das im Herzen und trägt es als ein großes Geheimnis mit sich herum. Später dann, wenn das Pflänzchen der Liebe verwurzelt und gewachsen ist, dann sagt man es den anderen. So auch dieser Mensch. Er verbirgt den Schatz und hat ein großes Geheimnis in sich und auch eine große Freude. Er läuft nicht herum und ruft: „Ich habe das Himmelreich gefunden." Sondern er weiß: Dieser Schatz ist sein Schatz und sein Geheimnis. Darum ist es richtig, wenn man eine Erfahrung mit Gott gemacht hat, sie erst einmal als ein Geheimnis für sich zu behalten, damit es die eigene Erfahrung bleibt. Aber die Gefahr dabei ist, dass diese Erfahrung wieder verloren geht. Da war mal was, ja, aber jetzt ist es eigentlich nicht mehr. Das Leben ist darüber hingegangen, der Acker der Welt hat sich darüber gebreitet und der Schatz glänzt nicht mehr.

Unser Mensch im Gleichnis von Jesus macht es anders. Er zieht Konsequenzen. Er entfaltet eine unglaubliche Aktivität, eine Fülle von Verben finden sich in diesem Satz: er vergräbt den Schatz wieder, er freut sich, er geht hin, er verkauft alles, was er hat, er kauft den Acker, in dem der Schatz ist, damit er auf immer ihm gehört.

Er hat diese große Freude gespürt und die will er behalten, die will er haben, die will er nicht wieder loslassen und deshalb beschließt er, dass dieser Acker, der den Schatz birgt, ihm gehören muss. Jemand, dem Gott begegnet ist, jemand, der das Himmelreich geschmeckt hat, der will das immer haben, der will noch mehr davon und fragt sich: „Was muss ich tun, dass diese Nähe zu Gott bleibt, wie kann ich dieses glücklichmachende Wissen, Gott ist da und die Welt ist gerettet bei ihm, erhalten?"

Ich weiß eigentlich nicht, wie ich von mir aus immer bei Gott sein kann. Meine Lebenssubstanz ist zu gering ist, als dass an mir das Himmelreich aufscheint. So ging es dem Mensch auch, der feststellte, dass er einfach nicht genug Geld hatte, den Acker mit dem Schatz zu kaufen. Aber statt darüber zu klagen, zieht er Konsequenzen, verkauft alles, was er hat, um diesen einen Acker zu kaufen. Ihm geht es ums Ganze, um sein ganzes Leben. Da ist er wie wir alle, denn wir haben nur dieses eine Leben ganz. Dann aber ist er konsequent, alle Kräfte setzt er ein und gewinnt den Schatz, indem er den Acker kauft, der seine Welt ist.

Jesus sagt damit: Jeder kann diesen Schatz im Acker finden und jeder kann alle seine Kräfte einsetzen und ihn gewinnen. Was der Mensch dabei tut, ist etwas sehr Weltliches: Kaufen und Verkaufen. Wer das Himmelreich kennengelernt hat und wer mehr davon haben will, muss nicht abheben und weltfremd werden, sondern kann tun, was in die Welt passt, mit großer Klarheit und Vernunft. In deinem Stück Welt, das du zu beackern hast, ist das Himmelreich verborgen. Das erkannt zu haben verändert unsere Ziele, die Wichtigkeit, die wir den Dingen beimessen, der Sinn, den wir erkennen. "Trachtet zuerst nach dem Reich Gottes" (Mt 6,33) sagt Jesus in der Bergpredigt. Das ist das Ziel, das den Einsatz aller Kräfte lohnt, der Sinn, der nicht wieder verloren geht, die Freude, die bleibt. Dazu fordert uns Jesus mit diesem Gleichnis auf.

Noch ein Blick auf Jesus. Er war ja der größte Schatzsucher und Finder des Himmelreiches. Eigentlich erzählt er in dieser Geschichte auch von sich: <u>Er</u> ist der Mensch, der den Schatz des Himmelreiches im Acker der Welt gefunden hat. Er ist es doch, der hinging und alles weggab, was er hatte, sogar sein Leben, um diesen Schatz zu gewinnen mit unserem ganzen Leben darin, dem Leben von uns allen – er gab alles, was er hatte, um das zu gewinnen, um die Welt zu gewinnen, um uns zu gewinnen. Wenn wir das annehmen, dann haben auch wir den großen Schatz gefunden. Amen

9. Sonntag nach Trinitatis 2013, Ludwigskirche Freiburg

Johannes 9,1-7: Heilung eines Blinden 1

Und Jesus ging vorüber und sah einen Menschen, der blind geboren war. Und seine Jünger fragten ihn und sprachen: Meister, wer hat gesündigt, dieser oder seine Eltern, dass er blind geboren ist? Jesus antwortete: Es hat weder dieser gesündigt noch seine Eltern, sondern es sollen die Werke Gottes offenbar werden an ihm. Wir müssen die Werke dessen wirken, der mich gesandt hat, solange es Tag ist; es kommt die Nacht, da niemand wirken kann. Solange ich in der Welt bin, bin ich das Licht der Welt. Als er das gesagt hatte, spuckte er auf die Erde, machte daraus einen Brei und strich den Brei auf die Augen des Blinden. Und er sprach zu ihm: Geh zum Teich Siloah – das heißt übersetzt: gesandt – und wasche dich! Da ging er hin und wusch sich und kam sehend wieder.

Liebe Gemeinde!

Lassen Sie uns gleich den ersten Satz dieser Heilungsgeschichte in den Blick nehmen: Da ist dieser Blinde, ein von Geburt an blinder Mensch und Jesus, der ihn im Vorübergehen sieht.

Der Blinde – er hat schon als Säugling nie das Gesicht der Mutter, des Vaters gesehen, wenn sie sich über ihn beugten, überhaupt keine Gesichter, keinen Glanz in den Augen der anderen, kein Stirnrunzeln, kein leises Lächeln. Und keine Gestalten, eine dunkle Welt – nur Töne, leise und laute Geräusche und Sprache und die Sprache der Haut, Berührungen, zarte und harte, schmerzhaftes Anstoßen an nicht erwartete Gegenstände, liebevolles Streicheln, aber keine Farben, keine Buchstaben, Lesen und Schreiben für immer verschlossen.

Ein Mensch ohne Namen begegnet uns in diesem Satz und in der Bibel ist ein Mensch ohne Namen immer ganz besonders einer, der jedermann sein könnte, oder jedefrau. Ein Mensch ohne Namen lädt zur Identifikation ein, dass wir unseren eigenen Namen dorthin setzen.

Aber wir, jedenfalls die meisten von uns, können zum Glück sehen, was soll es dann also mit dem Blindgeboren für uns bedeuten?
Ja, mit unseren Augen sehen wir, meistens jedenfalls, aber sehen wir eigentlich genug? Sehen wir, was wir tun? Sehen wir die Folgen unseres Handelns? Sehen wir die Gründe unserer Entscheidungen? Sehen wir, worauf es wirklich ankommt? Sehen wir, warum wir auf der Welt sind? Wenn uns heute Jesus entgegen käme, könnten wir ihn sehen? Ich meine wirklich sehen, erkennen als den, der er ist? Wenn es um das tiefe Erkennen unserer Wirklichkeit und unseres Weges geht, sind wir da nicht alle Blindgeborene und stoßen uns hart an den Irrungen und Wirrungen unserer Existenz? Als solche sitzen wir am Wegrand oder im Tor wenn ER vorübergeht. Sehen können wir ihn nicht.
Auch der Blinde im Evangelium sieht ihn nicht. Aber Jesus, vorübergehend, sieht ihn. Das ist das Anrührende in diesem ersten Satz des heutigen Predigtwortes. Jesus geht vorüber und er sieht ihn. Jesus, die göttliche Gegenwart auf Erden! Wenn er vorübergeht, dann sieht er den Blinden, die Blinde dort an ihrem, an seinem Platz. Setzen wir uns also an diesen Platz, blind in diesem übertragenen Sinn, blind für unser Leben und die Zukunft der Welt, und nicht in der Lage, es zu erkennen, wenn die göttliche Gegenwart ganz in unserer Nähe ist, an uns vorübergeht – wie oft mag das in unserem Leben der Fall sein und wir merken es nicht, Blinde, die wir sind. Jesus aber sieht uns, jeden einzelnen Menschen.
„Er sieht" ist in diesem ersten Satz das einzige Verb. Jesus ist der Sehende, der den einzelnen Menschen sehende.
Wenn Jesus einen Menschen sieht, dann weiß er, was dieser Mensch braucht. Auch die Jünger sehen den blinden Mann und unbekümmert um sein Geschick tun sie, was manch einer mit einem behinderten Menschen tut und was dieser bestimmt nicht braucht: Sie reden über ihn. Wie mag ihm das vorgekommen sein, zu hören: „Wer ist schuld an seiner Blindheit, wer hat gesündigt, dieser oder seine Eltern?" Sie reden über ihn und seine Eltern, als sei er nicht nur blind,

sondern auch noch taub. Sie reden über ihn, als wüssten sie besser als er, was ihm fehlt. Dass Schuld im Spiel ist, es ist kein Zweifel für die Jünger. Ein praktischer Umgang mit der komplizierten Frage: Warum ist so etwas geschehen? Diese Frage macht das schmerzliche Leiden an einem Unglück oft erst wahrhaft bewusst: Warum ist das geschehen?, warum ist das gerade mir geschehen? Schwer auszuhalten, dass es keine Antwort gibt und groß die Versuchung, der Größe des Leidens eine ebenso große Schuld entgegenzuhalten. Hiobs Freunde haben das schon getan und es war überhaupt in der Antike ein vielen einleuchtender Versuch der Erklärung, gerade in der jüdischen Antike. Denn Gott ist gerecht, der tut so etwas nicht – es sei denn als Strafe für Schuld. So dachten die Jünger Jesu, weil alle Juden so dachten. Der Blinde oder seine Eltern haben etwas Verkehrtes getan, deshalb geht es ihm so. Tun - Ergehens - Zusammenhang wurde das später genannt. In ihm sind die Jünger mit ihrer Frage gefangen. Allerdings haben sie mit vielen anderen in der Antike den Tun-Ergehens - Zusammenhang umgedreht. Dass ein schändliches Tun ein schlechtes Ergehen zur Folge hat, ist die eine Sache, die sich ja auch heute noch in manchem bewahrheitet und für die es in der Bibel wie im Leben nicht wenige Beispiele gibt. Aber der Umkehrschluss, dass einem schlechten Ergehen (Blindsein) ein übles Tun vorausgegangen sein muss, ist eine ganz andere Sache. Dies wird auch in der Bibel nie behauptet, vielmehr beklagen die Psalmen ausdrücklich, dass ausgerechnet der Gerechte viel erleiden muss. Die Jünger sind also gefangen in ihren Denkvorstellungen, blind sind sie für die wirklichen Zusammenhänge.

Aber Jesus ist der, der sieht – ein Sehen im Sinne von Erkennen. Er befreit aus dieser verdrehten Spirale von Tun und Ergehen und Ergehen und Tun, indem er auf die Zukunft verweist. Die Werke Gottes sollen an ihm offenbar werden. Das ist seine Antwort, mit der er auch nicht sagt, dass der Mann deshalb blind ist, damit die Werke Gottes offenbar werden können. Über den Grund sagt er nichts, Er steigt vielmehr aus dem Karussell von Grund und Folge aus und sieht die

Zukunft, sieht Sinn, sieht das neue Leben, die neue Schöpfung und fängt gleich damit an.

Einen Brei macht er aus Erde und Speichel – merkwürdig, archaisch, unappetitlich mutet das an (wo bleibt die Hygienepolizei) und wir wissen ja auch, dass Jesus andere auf andere Weise, nur durchs Wort, durchs Gebet geheilt hat. Aber es ist eine sehr irdische Form von Heilung, die deutlich macht, dass Jesus, der Gottes Gegenwart auf Erden verkörpert, ins Fleisch gekommen ist, zur Erde. Auch wir kennen heute noch Heilerde und dass Speichel Heilkraft hat, weiß jeder instinktiv. Kleine Wunden werden einfach abgeschleckt. Der Matsch, den Jesus herstellt, erinnert daran, wie Gott bei der Erschaffung der Welt den Adam aus Erde vom Acker geschaffen hat. Neue Schöpfung soll werden an diesem Menschen, so wird Gottes Herrlichkeit offenbar. Gottes Herrlichkeit ist verdeckt in Jesus gegenwärtig, offenbar wird sie im Heilsein des Mannes, seinem Sehenkönnen.

Aber bevor er sehen kann, wird er noch fortgeschickt, zum Teich Siloah, sich diesen Brei von den Augen zu waschen, eine Geste, die nun der Mann selbst tun soll, der noch nicht das Geringste zu seiner Heilung beigetragen hat. Er hat Jesus nicht darum gebeten, geheilt zu werden, hat nicht geschrien wie der Blinde Bartimäus vor Jericho, hat nicht sein Gewand berührt wie die blutflüssige Frau und ist nicht vor ihm auf die Knie gefallen wie der Aussätzige. Er ist passiv geblieben, er wurde gesehen, über ihn wurde gesprochen, er wurde berührt und mit der Kraft der Neuschöpfung in Kontakt gebracht – nun soll er gehen und sich waschen wie der Aussätzige Naaman (2 Kön 5ff), von dem uns im Alten Testament erzählt wird. Hätte der Mann gesagt: "Was soll das denn?" und wäre sitzen geblieben, er hätte sich um seine Heilung gebracht. So aber, diesem Befehl Folge leistend, vertrauend, weil hier einer ist, der zu ihm spricht und nicht über ihn, geht er und kommt sehend wieder.

Können auch wir sehender werden, erkennender werden durch diese Geschichte? Sie lädt ein, die Werke Gottes auch an uns offenbar werden zu lassen und in einem tieferen Sinn sehend, erkennend zu werden, ganz unabhängig vom Zustand unserer Augen.

Bevor er den Blinden heilt und die Frage nach der Schuld ablehnt, sagt Jesus zu seinen Jüngern: „Wir müssen die Werke dessen wirken, der mich gesandt hat, solange es Tag ist. Es kommt die Nacht, da niemand wirken kann." Dies ist ein sehr ernstes Wort, aus dem deutlich wird, dass Jesus das Dunkel, hier ausgedrückt im Wort Nacht nicht verharmlost. Sicherlich spielt er auf seine Kreuzigung an. Immer wieder erleben wir eine solche Nacht, ein solches Nachtdunkel, persönlich oder in der Geschichte, (gestern war der 20. Juli!) dass niemand mehr etwas bewirken kann und das Böse seinen Lauf nimmt. Darum ist es so wichtig, die Gelegenheiten zum Guten, zum Wahren nicht zu verpassen und Jesus traut es seinen Freunden zu, dass sie mit ihrem Tun zum Guten beitragen und Gottes Werke mit ihm zusammen tun. Denn das Licht scheint in der Finsternis, im Dunkel der Welt und in der Dunkelheit unserer eigenen Existenz, den Fragen und Zweifeln, den Schwächen und Niederlagen. Einen sehr tröstlichen Satz fügt Jesus noch an, der das verdeutlicht: „Solange ich in der Welt bin, bin ich das Licht der Welt." Er aber ist in der Welt durch seinen Geist, immer, manchmal näher als wir meinen und lässt sein helles, klares und warmes Licht scheinen, damit wir erleuchtet werden und die Welt ausgeleuchtet wird auf ihn hin. Amen

8. Sonntag nach Trinitatis 2013, Ludwigskirche Freiburg

Markus 8,22-26: Heilung eines Blinden 2

Und sie kamen nach Betsaida. Und sie brachten zu ihm einen Blinden und baten ihn, dass er ihn anrühre. Und er nahm den Blinden bei der Hand und führte ihn hinaus vor das Dorf, tat Speichel auf seine Augen, legte seine Hände auf ihn und fragte ihn: Siehst du etwas? Und er sah auf und sprach: Ich sehe die Menschen, als sähe ich Bäume umhergehen. Danach legte er abermals die Hände auf seine Augen. Da sah er deutlich und wurde wieder zurechtgebracht, sodass er alles scharf sehen konnte. Und er schickte ihn heim und sprach: Geh nicht hinein in das Dorf!

Liebe Gemeinde!

In einem Augenblick ist er nicht geheilt, der Blinde. Es dauert seine Zeit. Acht Schritte braucht es, die wollen wir mitgehen, vielleicht, dass über der Heilung dieses Blinden auch uns das eine oder andere Auge aufgeht.

Zuerst kommt er nur als ein Objekt vor: Er wird gebracht, von irgendwelchen, nicht näher benannten Leuten, die ihn zu Jesus schleppen, wie sie auch die Lahmen schleppen und die Leute, die ihn bringen, nicht etwa er selbst, bitten Jesus, dass er ihn behandelt, wörtlich, dass er ihn berührt.

Der Mann, der keinen Namen hat, der also wieder einmal jedermann und jedefrau sein könnte, ist blind - aber reden könnte er schon und also Jesus selbst um Heilung bitten. Aber er ist ganz passiv, es wird alles für ihn gemacht, er wird gebracht, für ihn wird gebeten. So ist es ja oft, dass eine Schwäche, ein Unvermögen sich so auswirkt, dass viele andere Funktionen auch nicht wirken, dass die eine Schwäche gewissermaßen ausstrahlt und anderes, an sich Gesundes in Mitleidenschaft zieht, dass eine einzelne Schwäche uns ganz passiv machen kann.

Jesu erster Schritt ist, dass er den Blinden an der Hand nimmt, er übernimmt ihn sozusagen von den Leuten, die ihn bringen. Er nimmt Kontakt mit ihm auf, indem er ihn an der Hand nimmt, aber er zeigt ihm auch, dass er bereit ist, ihn zu führen, wie er vorher geführt wurde und nimmt ihn in seiner Schwäche so an, wie er ist.

Das zweite ist, er führt ihn aus dem Dorf. Er will ihn ja heilen und da kann er anscheinend das Dorf nicht brauchen. Ob er nicht so viele Zuschauer haben will, ob ihm die Atmosphäre im Dorf einer Heilung widrig zu sein scheint, ob er den Blinden nicht dem Einfluss des Dorfes ausgesetzt haben will – wir wissen es nicht. Vielleicht ist dieses Herausführen auch ein Zeichen: Jetzt beginnt etwas anderes als das, was der blinde Mann immer schon erlebt hat. Dorf heißt ja: So war es immer schon. Er war eben immer schon blind und musste immer schon gebracht und geführt werden und immer schon haben andere für ihn geredet. Daraus wird er jetzt herausgeführt.

Dann streicht Jesus ihm Spucke auf seine Augen, eine sehr direkte, intime Geste – wie Gott dem Adam seinen Lebensodem einhauchte, oder als ob Jesus die verstopften, trüben Augen reinwaschen wollte – Speichel ist Symbol für die schöpferische Zeugungskraft des Mannes und hat außerdem in der Antike heilkräftige Wirkung. Wer hätte nicht selbst schon eine kleine Wunde mit seinem Speichel beleckt? Erst nach dieser Speicheltherapie legt er ihm die Hände auf, sein göttlicher, lebendiger, lebenskräftiger Segen soll diesen Mann von den Augen her durchströmen

Danach, im fünften Schritt, richtet er das Wort an ihn: "Siehst du etwas?" Er erkundigt sich nach dem Heilerfolg, wie es ein guter Arzt tut. Er nimmt ihn damit nicht nur als einen leidenden Menschen ernst, sondern ausdrücklich als Gegenüber, er fragt ihn nach dem, was er sieht. Jetzt tut der Mann das erste Mal etwas von sich aus in dieser Geschichte, seine erste eigene Handlung: Er hebt die Augen auf, bewegt sie Richtung Himmel. Es scheint, dass Jesus das durch seine Frage "siehst du etwas?", erst hervorgerufen hat, als ob der Mann vorher noch gar nicht daran gedacht hat, zu schauen. Auch dass er etwas redet, ist durch diese Frage hervorgerufen, gewissermaßen "geschaffen".

So wichtig ist also die Frage: "siehst du etwas?", wenn uns die Augen aufgehen, wenn wir anfangen heil zu werden, wenn Jesus uns begegnet. Die Frage "siehst du etwas?" macht uns aufmerksam auf die Wirklichkeit.

Der Mann nimmt seine Wirklichkeit noch nicht genau wahr. Er antwortet: "Ich sehe Menschen umhergehen wie ich Bäume sehe."

Das ist nun eine träumerische, zauberhafte Antwort. Natürlich ist klar, dass irgendetwas noch nicht so richtig in Ordnung ist, der Mann verwechselt noch etwas, aber was, und wie er es verwechselt, ist hübsch. Es hat sich doch jeder schon einmal vorgestellt, dass die Bäume, dieses mächtigen Gestalten gehen könnten und auch dass ein Mensch wie ein Baum ist, mit Wurzel, Stamm und Krone. Aber die Wirklichkeit soll so nicht sein, so durcheinander soll es nicht bleiben und Jesus legt ihm noch einmal die Hände auf die Augen.

Da blickt er dann durch und ist wieder zurechtgebracht, alles ist in seine Ordnung gekommen, so dass er nicht mehr Menschen und Bäume verwechseln muss, so dass er sich nicht mehr führen lassen muss und andere für sich reden lassen, alles sieht er und scharf und klar und leuchtend.

Nun kommt der siebente Schritt: Jesus schickt ihn nach Hause und sagt ihm im achten Schritt ausdrücklich, dass er nicht hinein ins Dorf gehen soll. Sein Haus steht ja wohl im Dorf, aber er soll nicht in die Mitte des Dorfes gehen, sondern heim. Sicher sagt Jesus das auch, damit sich dieses Wunder nicht so schnell verbreiten soll, das hören wir ja immer wieder im Markusevangelium. Aber bestimmt sagt er es nicht nur für sich, sondern sagt es auch für den Mann.

Würde er gleich als erstes ins Dorf gehen, würde wieder eintreten, was immer schon war und er würde wieder zum Objekt werden, diesmal nicht für Hilfe, sondern für die Bewunderung und das Wundern der andere. Er würde angestaunt werden. Aber Jesus will nicht, dass er angeschaut wird, sondern dass er selbst schaut. Das aber kann er wohl am besten da lernen, wo er hingehört, zu Hause, bei sich und seiner Familie. Da kann er lernen, das zu sehen, was für ihn wichtig ist.

Der siebente Schritt in diesem Heilungsprozess ist der, dass er nach Hause gehen soll. Mit der Sieben ist in der Bibel immer der siebente Tag der Schöpfung, der Sabbat, bzw. der Sonntag verbunden. Das ist der Tag, an dem wir alle nach Hause gehen sollen, dorthin, wo wir in Wahrheit zu Hause sind, bei uns selbst und bei Gott. Das ist der Tag, der uns sagt, dass die Heilung ein für alle Mal geschehen ist in Jesus Christus, dass unsere Wunden in seinen geborgen sind und unser Durcheinander, unsere Verwechslungen und unsere Passivität, unser Unvermögen zurechtgebracht wird. Sonntags können uns die Augen aufgehen über unseren Stand in der Welt, ganz hell leuchtend und klar dürfen wir das sehen, nämlich dass wir nicht umhergehen müssen wie Bäume, unbewusste Lebewesen und doch voller Kraft, sondern dass wir umhergehen dürfen wie Kinder Gottes, von ihm geliebt, von ihm genährt, von ihm geheilt.

Der achte Schritt, der achte Tag ist dann der erste Tag im neuen Leben, der fängt damit an, dass wir das Alte nicht wiederholen, nicht mehr ins Dorf hinein gehen, in die Umstände, die uns blind gemacht haben für das, was wir eigentlich sehen könnten. Dass wir aufbrechen ins neue Leben, ins Auferstehungsleben hinein, immer wieder.

Markus erzählt in dieser Geschichte vom leiblichen Dasein – ein blinder Mensch kann wieder sehen. Indem er in acht Schritten Jesu Tun erzählt, scheint durch diese Geschichte die göttliche Heilslogik hindurch.

Ich möchte noch einen Blick auf die Stellung dieser Geschichte im 8. Kapitel des Evangeliums werfen, durch die sie einen zusätzlichen übertragenen Sinn bekommt: Ob wir nämlich sehen können, wer Jesus ist. In der Erzählung zuvor machen sich die Jünger Sorgen, weil sie nicht genug Brot dabei haben – Jesus erinnert sie daran, dass 5000 Menschen einmal satt wurden, als er dabei war und sagt: "habt ihr Augen im Kopf und seht nicht?" (Mk 8,18). Dann heilt er den Blinden und macht deutlich, dass die Zeit angebrochen ist, in der Augen im Kopf haben auch heißt, sehen zu lernen, die Zeit, von der Jesaja (Jes 29,18) sprach: "Die Augen der Blinden werden aus Dunkel und Finsternis sehen." Nach der Heilung fragt Jesus seine Jünger: "Wer sagt ihr, dass ich sei?" Petrus antwortet: "du bist der Christus!" (Mk 8,29) So hellsichtig ist er inzwischen geworden, als ob ihm mit der Heilung dieses Mannes inzwischen auch selbst die Augen aufgetan wurden.

Mit so geöffneten Augen dürfen auch wir in die nächste Woche gehen. Amen

12. Sonntag nach Trinitatis 2013, Ludwigskirche Freiburg

Johannes 5,1-16: Heilung eines Gelähmten

Liebe Gemeinde!

Heilung an Leib und Seele ist das Thema dieses Gottesdienstes und wir hören dazu eine Erzählung des Evangelisten Johannes.

Danach war ein Fest der Juden, und Jesus zog hinauf nach Jerusalem. Es ist aber in Jerusalem beim Schaftor ein Teich, der heißt auf Hebräisch Betesda. Dort sind fünf Hallen; in denen lagen viele Kranke, Blinde, Lahme, Ausgezehrte. Es war aber dort ein Mensch, der lag achtunddreißig Jahre krank. Als Jesus den liegen sah und vernahm, dass er schon so lange gelegen hatte, spricht er zu ihm: Willst du gesund werden? Der Kranke antwortete ihm: Herr, ich habe keinen Menschen, der mich in den Teich bringt, wenn das Wasser sich bewegt; wenn ich aber hinkomme, so steigt ein anderer vor mir hinein. Jesus spricht zu ihm: Steh auf, nimm dein Bett und geh hin! Und sogleich wurde der Mensch gesund und nahm sein Bett und ging hin. Es war aber an dem Tag Sabbat. Da sprachen die Juden zu dem, der gesund geworden war: Es ist heute Sabbat; du darfst dein Bett nicht tragen. Er antwortete ihnen: Der mich gesund gemacht hat, sprach zu mir: Nimm dein Bett und geh hin! Da fragten sie ihn: Wer ist der Mensch, der zu dir gesagt hat: Nimm dein Bett und geh hin? Der aber gesund geworden war, wusste nicht, wer es war; denn Jesus war entwichen, da so viel Volk an dem Ort war. Danach fand ihn Jesus im Tempel und sprach zu ihm: Siehe, du bist gesund geworden; sündige hinfort nicht mehr, dass dir nicht etwas Schlimmeres widerfahre.

Dreigeteilt ist diese Geschichte, die eigentliche Heilung und was danach geschieht mit dem Mann und eine weitere Begegnung des Geheilten mit Jesus. Die eigentliche Heilung: Da liegt er nun seit 38 Jahren, der Lahme, der Schwache, wie wir auch übersetzen könnten, in Beth-esda, Haus des Erbarmens übersetzt, in diesem heilklimatischen Kurort des alten Israel. Man muss auch dort wie überall für sich selbst sorgen können – aber es hat sich herumgesprochen: Manchmal wird einer gesund. Das schürt die Hoffnung bei den anderen. Wenn die periodische Quelle hochsprudelt, dann ist das Heilwasser am kräftigsten und wer zuerst dort ist, hat vielleicht die Chance, gesund zu werden. Ob wirklich ein Engel das Wasser anrührt? Warum so selten? Es klingt ein bisschen wundersam und sehr anstrengend. Aber man tut ja vieles für seine Gesundheit und wenn man gar keine realistische Hoffnung mehr hat, muss man eben auf Übersinnliches hoffen. Wie können wir uns die Atmosphäre in diesen Hallen bei Bethesda, die von Archäologen inzwischen ausgegraben wurden, vorstellen?

Jesus jedenfalls, der große Heiler und Menschensucher, schaut sich dieses Sanatorium einmal an. Er geht durch die Hallen, noch wissen die meisten Menschen dort nicht, wer er ist. Noch stürzen sie nicht alle auf ihn zu und rufen: „Heile mich, so werde ich heil. Hilf du mir, so ist mir geholfen" wie es der Prophet Jeremia (Jer 17,14) gegenüber Gott ausruft. Nein, wir hören nicht, dass Jesus angeredet wird. Aber jemand scheint ihn doch zu informieren. Er hört nämlich, dass da einer schon seit 38 Jahren liegt. 38 Jahre, das ist doch eine lange Zeit. Manche von Euch, von Ihnen, sind noch gar nicht so lange am Leben – und für die Älteren unter Ihnen ist es fast oder sogar mehr als die Hälfte des Lebens. Die Hälfte des Lebens an diesem Ort der Krankheit, der aufkeimenden und entschwindenden Hoffnung. 38 Jahre heißt für jüdische Ohren aber noch etwas anderes: 38 Jahre zog Israel aus Ägypten durch die Wüste – nach 38 Jahren standen sie an der Schwelle zum gelobten Land. Wenn in dieser Erzählung also einer 38 Jahre lang schwach daliegt, dann ist damit eigentlich ganz Israel gemeint und insofern es heute unser Evangelium ist: Damit sind wir gemeint. Schwach, gelähmt und doch, wie Israel nach 38 Jahren Wüstenwanderung an der Schwelle zum gelobten Land. Auch der Mann, von dem hier erzählt wird, liegt an einer Schwelle. Denn Jesus steht vor ihm. Nun beugt er sich zu ihm herunter.

„Willst Du gesund werden?" fragt er den Mann und ich stelle mir vor, dass er ihm ins Gesicht schaut. Vielleicht berührt er ihn auch, um ihn auf sich aufmerksam zu machen. „Du, willst du gesund werden?" Das scheint eine seltsame Frage zu sein. Fast könnte man wütend werden, dümmer kann man doch nicht fragen. Was will er denn sonst? Wozu ist er denn hier?

Aber Jesus hat mit seiner Frage ins Schwarze getroffen. Denn was der Mann ohne Namen antwortet, ist eine Mischung aus Hoffnungslosigkeit und Verlust der Selbstverantwortung. „Herr", antwortet er, „ich habe keinen Menschen der mich ins Wasser trägt, wenn die Quelle sprudelt."

„Ich habe keinen Menschen", das ist traurigste Wort in dieser Geschichte. Gleichzeitig ist es aber ganz und gar nicht wahr, weil ja Jesus vor ihm steht, der Mensch. Nur weiß der Kranke das noch nicht. Für ihn gilt es noch: „Ich habe keinen Menschen". So einsam ist er und so abhängig hat er sich gemacht. Kein Mensch und keine Hoffnung auf Heilung. Ich habe keinen Menschen. Gesund kann ich gar nicht mehr werden wollen. Was für eine Lage! Da kommt Jesu Frage „Willst du gesund werden?" noch einmal in ein anderes Licht. So dumm ist sie also nicht, sondern sie erhellt die Situation des Kranken durch die Antwort, die er gibt. Er kann ja gar nicht wollen. Vielleicht wünscht er es sich bloß, gesund zu sein. Aber wünschen ist noch nicht wollen. Wer nicht einmal mehr will, bei dem scheint auch ein Jesus keine Chance mehr zu haben, ihn gesund zu machen. So erweist sich die Frage: „Willst du gesund werden?" als genial therapeutisch. Sie macht den Mann auf eine Lücke in seinem Lebenssystem aufmerksam. Die Krankheit der Schwäche betrifft nicht nur seinen Körper, sondern sie hat übergegriffen auf seinen Geist. Auch der ist schwach geworden mit der Zeit. Das kann man ja verstehen nach so langer Zeit an diesem Ort. Jesus hat es wohl geahnt, gesehen, gefühlt, dass dieser Mann nicht nur schwach auf den Beinen ist, sondern inzwischen auch schwach in seinem Willen.

Nachdem das einmal zu Tage gekommen ist als eine doppelte Schwäche, heilt Jesus ihn auf der Stelle. Dabei braucht Jesus diese nur spärlich ab und an sprudelnde Quelle nicht, er ist doch verbunden mit der unendlich sprudelnden Quelle des Lebens selbst, dass das lebendige Wasser von seinem Leib nur so herabströmt in die Glieder des Mannes, der sich auf der Stelle bewegen kann. „Nimm deine Matte und geh" – er soll gleich etwas tun, nicht einfach nur gesund sein. Das ist zu wenig. Die Matte nehmen, 38 Jahre lang trug sie ihn, der nicht gehen konnte, nun trägt er sie. Selbstständig ist er geworden, selbst gehen kann er, er muss nicht mehr getragen werden, er braucht keinen Menschen mehr, der ihn ins Leben, in eine neue Geburt hineinbringt, neugeboren ist er durch Jesus und kann sogar seine Matte selbst tragen. Welch ein Glück.

Nun kommt der zweite Teil. Auch die glücklichsten Ausgänge im Leben haben immer noch einen zweiten Teil. Da wird es gleich wieder kompliziert. Es ist nämlich Sabbat. Natürlich ist Sabbat und Jesus heilt am Sabbat, weil der Sabbat dazu da ist, dass jeder Mensch und also auch dieser und ganz Israel und also auch wir wieder in die ursprüngliche Schöpfung zurückversetzt werden. Am Sabbat soll jeder sagen dürfen: Siehe es ist sehr gut (Gen 1,31).

Um diesen ursprünglichen Sinn des Sabbat zu hüten, sind um ihn herum eine Menge Gesetze entstanden, auch dieses: Man darf keine Last tragen am Sabbat. Auch keine Matte. Sogleich wird der Mann streng darauf hingewiesen. Einmal gesund, gehört er nun in die Welt der Normalen und da ist Auffallen verboten, da gelten die Regeln, die immer gelten und die Religiösen, die sich als die Hüter der Regel verstehen, machen keine Ausnahme. Der Mann wird immerhin erst einmal nur ermahnt und nicht gleich bestraft. So sieht es die Ordnung vor. Die Ordnung sieht auch vor, dass ein so ermahnter Mensch, der ein Sabbatgebot übertritt, sich rechtfertigen muss.

Der Arme. Kaum geheilt, gibt es schon Schwierigkeiten. Er muss sich doch erst dran gewöhnen, dass er nun nicht mehr schwache Knochen hat, sondern feste, dass er gehen, stehen und laufen kann und sogar seine Matte tragen, vielleicht das Einzige, was er besitzt. Er muss sich doch erst orientieren, dass er nun wieder etwas wollen und nicht nur vage Wünsche habe kann.

Erschrocken antwortet er: „Der mich gesund gemacht hat, der war es, der mir sagte: Nimm deine Matte und gehe umher." Damit fällt er gleich wieder zurück in sein altes Leiden, in seine alte Schwäche, nicht der Knochen, sondern des Willens. Nicht er ist verantwortlich für das, was er tut, ein anderer trägt die Verantwortung. Er trägt ja nur die Matte. Die Verantwortung trägt er nicht. So schnell geht es, dass man wieder ins Alte verfällt.

Die anderen erkundigen sich: Wer ist der, der dir sagte, „trage deine Matte"? Ach ja, die Hüter des Gesetzes, kurzsichtig sind sie, sie sehen nur bis zu dieser fatalen Matte, (innerlich liegen sie sozusagen selbst auf ihr, schwach wie sie sind) sie fragen nämlich nicht: „Wer ist der, der dich gesund gemacht hat?", geschweige, dass sie sagen: „Was, du bist gesund geworden, gratuliere!" Aber ohne dass sie es wissen, stellen sie natürlich doch eine gute Frage nach Jesus: Wer ist der Mensch? Es ist die Frage, die das Johannesevangelium beantworten möchte: Wer ist dieser Mensch Jesus? Er ist aber nicht zu sehen, er ist in der Menge verschwunden.

Dann kommt der dritte Teil dieser Geschichte. Im ersten Teil ging es mit der Heilung um die Wiederherstellung der ursprünglichen Schöpfung. Der zweite Teil stellt die Frage: Wer ist Jesus? Und der dritte Teil gewissermaßen der Geistteil spielt sich im Tempel ab. Dorthin ist Jesus nämlich gegangen und zu seinem Glück der ehemals Gelähmte auch. Vermutlich hat er seine Matte jetzt irgendwo ablegen können. Jesus findet ihn. Auch das eine schöne Wendung: Wer in den Heilsbereich Gottes, in den Tempel, in die Kirche kommt, den findet Jesus. Sogleich spricht er ihn an: „Siehe, du bist gesund geworden." Er ermuntert ihn, wahrzunehmen, was eigentlich passiert ist. Da Gesundheit das

Normale ist, geht es in unserem Bewusstsein schnell unter, wenn alles stimmt. Der Mann soll sich seine Heilung vor Augen halten, damit ihm klar wird, auch sein Wille ist nun geheilt, nicht nur die Knochen oder Muskeln. Darum fügt Jesus noch an: „Sündige hinfort nicht mehr, dass dir nicht Schlimmeres widerfahre." Was das Schlimmere sein könnte, sagt er ihm nicht. Schlimm genug war es ja schon, 38 Jahre krank an diesem Ort zu sein und weiter schlimm, eine Sünde wäre es, die Verantwortung für sein Leben erneut abzugeben, wieder abhängig zu werden von Menschen, die nicht da sind und Zufällen, die nicht eintreffen. „Fall nicht wieder in die alte Schwäche zurück" sagt ihm Jesus mit diesem Wort. Dieses Wort gilt uns; wie uns die Frage gilt: „Willst du gesund werden?" gilt uns auch die Ermahnung: „Fall nicht wieder in das Alte zurück!"

Damit wir uns das immer wieder neu bewusst machen, feiern wir ja Gottesdienst. Jeden Sonntag feiern wir wieder, dass wir gesund werden dürfen durch Jesus unseren Heiland und die Schwäche lassen, der wir immer wieder verfallen möchten. Der gesund Gewordene in dieser Geschichte geht in den Tempel – wir dürfen in der Kirche zum Tisch des Herrn kommen und uns durch ihn mit Brot und Wein stärken lassen. Amen.

19. Sonntag nach Trinitatis 2013, Ludwigskirche Freiburg

Johannes 8,2-11: Vom Irrtum geheilt

Jesus aber ging zum Ölberg. Und frühmorgens kam er wieder in den Tempel, und alles Volk kam zu ihm, und er setzte sich und lehrte sie.
Aber die Schriftgelehrten und Pharisäer brachten eine Frau, beim Ehebruch ergriffen, und stellten sie in die Mitte und sprachen zu ihm: Meister, diese Frau ist auf frischer Tat beim Ehebruch ergriffen worden. Mose aber hat uns im Gesetz geboten, solche Frauen zu steinigen. Was sagst du? Das sagten sie aber, ihn zu versuchen, damit sie ihn verklagen könnten. Aber Jesus bückte sich und schrieb mit dem Finger auf die Erde. Als sie nun fortfuhren, ihn zu fragen, richtete er sich auf und sprach zu ihnen: Wer unter euch ohne Sünde ist, der werfe den ersten Stein auf sie. Und er bückte sich wieder und schrieb auf die Erde. Als sie aber das hörten, gingen sie weg, einer nach dem andern, die Ältesten zuerst; und Jesus blieb allein mit der Frau, die in der Mitte stand. Jesus aber richtete sich auf fragte sie: Wo sind sie, Frau? Hat dich niemand verdammt? Sie antwortete: Niemand, Herr. Und Jesus sprach: So verdamme ich dich auch nicht; geh hin und sündige hinfort nicht mehr.

Liebe Gemeinde!
Die ganze Geschichte klingt stark nach einer Inszenierung.
Schriftgelehrte und Pharisäer durchbrechen den Kreis der Zuhörenden um Jesus, sie bringen eine Frau, wir wissen schon welche, und stellen sie in die Mitte, vor Jesus hin.
Sie wollte bestimmt nicht dort sein, festgenommen in einem dramatischen Augenblick, entführt, weggebracht, hingestellt, angegafft, angeklagt und einsam.
Wo ist der Mann? Auf frischer Tat beim Ehebruch ertappt – dazu gehören doch wohl zwei? Interessierte der nicht? Konnte er fliehen? Warum ist er nicht da? Von ihm ist nicht die Rede. Von ihr eigentlich auch nicht – außer: Auf frischer Tat beim Ehebruch ertappt, wobei es auch sprachlich sehr interessant ist, wie die

Männer, die sie anklagen, sich ausdrücken: Sie benutzen nämlich ein Passivum: Auf frischer Tat ertappt, wie mit ihr Ehebruch getrieben wurde. Selbst in ihrer Tat wird sie noch als Opfer beschrieben.

Aber sie spielt keine Rolle, sie ist ein bloßes Demonstrationsobjekt, mit dem man etwas anderes herausfinden will. Nein, nicht herausfinden, beweisen, denn das Urteil steht schon fest.

Es ist nicht das Urteil über die Frau, das feststeht, das tut es auch, aber sie interessiert wie gesagt nicht. Interessant für die Ankläger ist Jesus und den wollen sie greifen. Seine Ankläger sind sie und ihr Urteil über ihn steht schon fest: Er ist nicht der von Gott gesandte Davidsohn, er steht nicht auf dem Boden des Mosaischen Gesetzes. Darum fragen sie gewissermaßen genüsslich: Im Gesetz steht, man soll sie steinigen, du aber, was sagst Du?

Die ganze Sache mit der Frau wird inszeniert, um ihn anklagen zu können.

Mit der Frau zusammen befindet sich Jesus plötzlich in der Mitte des Volkes, das er lehrt, in einem Raum der Anklage. Du aber, was sagst Du? Steinigt sie? Die Muskeln sind schon gespannt. Steinigt sie nicht? Die Muskeln bleiben gespannt, jetzt kann man gegen ihn vorgehen.

In die gespannte Stille hinein, was wird er sagen? sagt Jesus – nichts. Er beugt sich herab, und schreibt mit dem Finger in den Sand.

Während er das tut, schauen wir ins mosaische Gesetz – ja, es steht wirklich da (Dtn 22,23.24), beide sollen den Tod verdienen, aber natürlich nach einem ordentlichen Gerichtsverfahren, nicht durch Lynchjustiz. Aber im Lauf der Rechtsprechung wurde gerade dieser Paragraph mit immer größeren Schwierigkeiten versehen, die Schwelle, um solch eine Steinigung wirklich durchzuführen, wurde immer höher, so dass es schon zu Jesu Zeiten seit mindestens zweihundert Jahren zu keiner Steinigung aus diesem Grunde mehr gekommen war, jeder weiß das. Die Pharisäer und Schriftgelehrten hier so gut wie Jesus.

Jesus schreibt und schreibt und schließlich wird es den Männern zu lang. Was bückt er sich so? Warum schaut er nicht, warum spricht er nicht? Wieder fragen sie ihn, bedrängen ihn und schließlich richtet er sich auf – für einen Satz, bevor er sich wieder bückt und weiterschreibt. „Der Sündlose unter euch, als erster soll er den Stein werfen."

Jetzt kippt die ganze Szene, durch diesen einen Satz gelingt die Wende, die göttliche Wende vom Tod zum Leben, von der Anklage zur Einsicht. Jesus muss nur abwarten, weiter in den Sand schreiben.

Weder bestreitet er, dass das im Gesetzt steht, noch bestreitet er, dass dieses Gesetz in Wirkung sei. Dennoch lässt er sich nicht hineinziehen in die Schlinge, die sie geknüpft haben, als sie die Frau in die Mitte stellten und diese Mitte mit ihr und ihm zum Anklageplatz machten. Seine Antwort zielt nicht auf die Frau. Seine Antwort zielt auf die, die sie hierher geschleppt haben, um mit ihrer Hilfe ein Exempel an ihm zu statuieren.

Sie, die sich als die Herren des Mosaischen Gesetzes fühlen und die meinen zu wissen, wer Jesus ist und wer er nicht ist, sie, die es nicht glauben wollen, dass er Gottes Sohn ist, sie erleben mit ihm einen Augenblick göttlicher Gegenwart.

Gottes Wort wird hörbar, durch ihn, in Jesus. Jetzt richtet er sich auf, doch nicht als Richter, sondern als einer, der zur Aufrichtigkeit ruft: „Ist jemand ohne Sünde von euch, der werfe den ersten Stein."

Und das Wunder der göttlichen Gegenwart geschieht, sie hören sein Wort. Es berührt sie im Herzen und sie erkennen sich selbst: Sünder vor Gott. Was soll da noch der Stein in der Faust? Einer nach dem anderen und der Älteste, der, auf den sie alle schauen, zuerst! verlassen sie die Szene, treten aus der Mitte, in der sie die Richter über wahr und falsch zu sein glaubten heraus, an den Rand, aus dem Blickfeld, allein mit sich und Gott. So erweisen sie sich, auch anders als wir zunächst dachten, als fromme Menschen!

Jesus aber hat sich schon wieder gebückt und schreibt weiter in den Sand, er schaut nicht, was sie tun. Er überlässt ihnen ihre Einsicht, ihre Entscheidung, er kostet seinen Sieg nicht aus.

Was er wohl schreibt? Schreibt er die Stelle der Thora auf, die hier zitiert wird? Oder schreibt er, was er in der Bergpredigt sagte (Matth 7,1): „Richtet nicht, auf dass ihr nicht gerichtet werdet"? Oder schreibt er, was wir im Johannesevangelium lesen können (Joh 13,34): „Ein neues Gesetz gebe ich euch, dass ihr euch untereinander liebt?"

Jedenfalls ist, als er mit Schreiben aufhört, nur noch die Frau da. Schweigend, wie sie die ganze Zeit geschwiegen hat. Sie hätte ja auch gehen können. Vielleicht traut sie sich nicht. Vielleicht wartet sie auf ihn.

Jesus richtet sich wieder auf und spricht sie an: „Frau" und von hier aus fällt auf, dass sie im Evangelium immer so genannt wird, mit ihrem Würdetitel Frau (während sie in den Überschriften, die unsere Perikopen zieren, nur die Ehebrecherin genannt wird). Aber so heißt Jesus sie nicht, sondern: „Frau" nennt er sie, wie er jede Frau nennen würde, deren Namen er nicht kennt. Er spricht sie an und er stellt ihr die Frage: „Wo sind sie?" mit der er sie darauf aufmerksam macht, dass sie nun ganz allein mit ihm hier im Vorhof des Tempels steht, und fragt weiter, was er schon weiß, aber die Frau soll es aussprechen, damit sie es auch wirklich glauben kann: „Niemand hat dich verurteilt?"

„Niemand Herr", antwortet sie, wohl wissend, dass immer noch einer da ist, der sie verurteilen kann.

„So verurteile ich dich auch nicht", spricht der und fügt an: „geh und sündige nicht mehr."

Sie, die mit Gewalt hergeschleppt wurde, ist jetzt wieder eine freie Frau und auch sie ist dem göttlichen Wort in der Gegenwart begegnet: Ich verurteile dich nicht. Geh – und von jetzt an sündige nicht mehr. Von ihrem Vergehen spricht er nicht, größer, weiter ist der Horizont, den er ihr aufreißt: Von jetzt an nicht mehr sündigen, ein neues Leben beginnen, mitten aus dem Chaos des alten heraus.

Als sie nun gegangen ist, ist das Volk immer noch da, das in dieser Geschichte seine eigene Lehre bekommen hat.

Ich denke mir, manche aus dem Volk werden mit den Pharisäern und Schriftgelehrten gefühlt haben, zunächst voll Empörung über die Frau und werden sich dann doch gefragt haben, ob sie denn selbst so ohne Schuld sind, wie sie das gerne von sich behaupten. Manch einer wird aufrichtig erkannt haben, dass auch er oder sie den ersten Stein nicht werfen dürfte. Und wenn keiner den ersten Stein wirft, dann wird überhaupt kein Stein geworfen.

Wer aber seine Sünde erkennt, der steht vor Jesus, wie die Frau zum Schluss allein vor Jesus stand. Auch wenn das eigene Herz noch so anklagt, ist doch die Stimme Jesu da, die sagt: „Ich verurteile dich nicht. Von jetzt an, sündige nicht mehr." Ich denke mir, dass andere aus dem Volk vor allem dieses gehört haben.

Wenn dann auch das Volk gegangen ist, bleiben wir übrig, die wir heute diese Geschichte hören, für uns hat der Evangelist Johannes sie heute inszeniert. Wir sind die Gemeinschaft der Sünder, nicht der Selbstgerechten. Angewiesen auf Vergebung. Amen

4. Sonntag nach Trinitatis 2013, Ludwigskirche Freiburg

Lukas 7,36-50: Über die Liebe

Es bat ihn aber einer der Pharisäer, bei ihm zu essen. Und er ging hinein in das Haus des Pharisäers und setzte sich zu Tisch. Und siehe, eine Frau war in der Stadt, die war eine Sünderin. Als die vernahm, dass er zu Tisch saß im Haus des Pharisäers, brachte sie ein Alabastergefäß mit Salböl und trat von hinten zu seinen Füßen, weinte und fing an, seine Füße mit Tränen zu benetzen und mit den Haaren ihres Hauptes zu trocknen, und küsste seine Füße und salbte sie mit Salböl.

Als aber das der Pharisäer sah, der ihn eingeladen hatte, sprach er bei sich selbst und sagte: Wenn dieser ein Prophet wäre, so wüsste er, wer und was für eine Frau das ist, die ihn anrührt; denn sie ist eine Sünderin. Jesus antwortete und sprach zu ihm: Simon, ich habe dir etwas zu sagen. Er aber sprach: Meister, sag es! Ein Gläubiger hatte zwei Schuldner. Einer war fünfhundert Silbergroschen schuldig, der andere fünfzig. Da sie aber nicht bezahlen konnten, schenkte er's beiden. Wer von ihnen wird ihn am meisten lieben? Simon antwortete und sprach: Ich denke, der, dem er am meisten geschenkt hat. Er aber sprach zu ihm: Du hast recht geurteilt.

Und er wandte sich zu der Frau und sprach zu Simon: Siehst du diese Frau? Ich bin in dein Haus gekommen; du hast mir kein Wasser für meine Füße gegeben; diese aber hat meine Füße mit Tränen benetzt und mit ihren Haaren getrocknet. Du hast mir keinen Kuss gegeben; diese aber hat, seit ich hereingekommen bin, nicht abgelassen, meine Füße zu küssen. Du hast mein Haupt nicht mit Öl gesalbt; sie aber hat meine Füße mit Salböl gesalbt. Deshalb sage ich dir: Ihre vielen Sünden sind vergeben, denn sie hat viel geliebt; wem aber wenig vergeben wird, der liebt wenig.

Und er sprach zu ihr: Dir sind deine Sünden vergeben. Da fingen die an, die mit zu Tisch saßen, und sprachen bei sich selbst: Wer ist dieser, der auch die

Sünden vergibt? Er aber sprach zu der Frau: Dein Glaube hat dir geholfen; geh hin in Frieden!

Liebe Gemeinde!
In vier Schritten möchte ich mich mit Ihnen dieser Geschichte nähern.
I. Das Ambiente
Ein interessanter Männerabend hatte es werden sollen.
Mit gutem Essen und guten Gesprächen – selbstverständlich über Theologie, etwas Interessanteres gibt es sowieso nicht.
Der Pharisäer weiß, was er sich schuldig ist. Eine so neue religiöse Figur wie diesen Jesus muss man einladen, damit man ihn sich einmal genauer betrachten kann, damit man sich selbst ein Urteil bilden kann, ist er wirklich ein Prophet, ein von Gott Gesandter? Vielleicht sogar auch, damit man noch etwas von ihm lernen kann. Gerade ein waschechter Pharisäer ist noch nicht am Ende seiner persönlichen Frömmigkeitsskala angekommen, da gibt es immer noch etwas zu verbessern.
Man liegt zu Tisch, es sind noch andere Freunde und Interessierte geladen, man speist, man diskutiert und der Pharisäer hat reichlich Gelegenheit, sich ein Bild über Jesus zu machen.
So richtig gewinnt dieses Bild aber erst Kontur, als die Frau hereinplatzt, uneingeladen, ungebeten, aber doch auch offenbar ungehindert ist sie plötzlich da. Durch sie lernt der Pharisäer Jesus erst wirklich kennen – und er erfährt außerdem auch noch etwas Neues über sich selbst, womit er nicht gerechnet hatte – und obendrein kommt er durch sie für alle Zeiten ins Buch der Bücher hinein.
Auch wenn es auf den ersten Blick nicht so scheint, er kann ihr richtig dankbar sein. Aber erst einmal verschlägt es ihm die Sprache. Überhaupt sagt lange keiner ein Wort, er nicht, Jesus nicht, die Frau nicht. Nur ihr Schluchzen ist zu hören.

II. Jesus und die Frau

Nur ihr Schluchzen ist zu hören. Als sie mit ihrem Löwinnenmut einfach die Männergesellschaft sprengt und mit ihrem Alabastergefäß von hinten an Jesus herantritt, hatte sie sicher vor, seine Füße zu salben – aber es kommt einfach über sie: Sie fängt an zu weinen, tränenreich, wie das (heute) meistens nur Frauen können. Das ganze Elend ihres Lebens, ihre Schmerzen und Verletzungen weint sie heraus über seinen Füßen – oder weint sie schon vor Freude, dass sie ihm begegnet, dass sie ihm nahesein darf, ihn berühren darf? Ob nun Tränen der Trauer oder Tränen der Freude, Tränen tropfen auf seine Füße und fangen an sie naß zu machen – wie in Zeitlupe erzählt Lukas das, man könnte jede einzelne Träne fallen und auf seiner Haut aufkommen sehen.

Jesus bleibt ganz ruhig liegen – er hätte ja auch aufstehen können, sie sanft aus dem Raum führen und mit ihr einen Termin morgen zur Seelsorge ausmachen können – tut er aber nicht. Er bleibt liegen und lässt sich die Füße vollweinen.

Aber jetzt merkt sie, dass sie ihn nassmacht mit ihren Tränen, und löst ihr Haar, wie sie vorher die Tränen gelöst hat, und fängt an, seine Füße abzutrocknen mit ihren Haaren, obwohl eine Frau in der Öffentlichkeit nicht ihre Haare entblößt, (das passt ins Bild der Sünderin) – sie ist ihm also schon ziemlich nahegekommen, ich stelle mir vor, sie kniet zu seinen Füßen und er liegt immer noch ruhig da und lässt sich die Füße mit ihren Haaren abtrocknen und nicht nur abtrocknen, nein, sie küsst ja seine Füße während des Abtrocknens, wie er selbst sagt: Unablässig. Weder zieht er seine Füße zurück noch stößt er die Frau fort mit ihnen, und dann öffnet sie endlich das Gefäß und cremt ihm auch noch seine Füße ein, salbt ihn.

Noch immer sagt keiner ein Wort. Ihr Schluchzen ist jetzt auch verstummt. Aber aufgelöst wie die Frau ist, verharrt sie zu seinen Füßen und selbst das ganze lange Gespräch über, das Jesus anschließend mit dem Pharisäer führt, bleibt sie

da liegen und Jesus lässt sie. Er lässt sich liebkosen von ihr und lässt ihr Zeit und Ruhe und Frieden für sich selbst nach ihrem tränenreichen Ausbruch.
Erst ganz zum Schluss unserer Erzählung richtet er das Wort an sie, als ob er ihr Gelegenheit geben wollte, so lange wie möglich in seiner Nähe zu bleiben oder auch, warum nicht, als ob es ihm gefiele, dass sie in seiner Nähe ist, da sagt er ihr das Lösewort: Deine Sünden sind dir vergeben. Und nach wieder einer Verzögerung: Geh hin mit Frieden. Das tut sie wohl auch, ganz neu gefasst.

III. Jesus und der Pharisäer

Der Pharisäer hat übrigens einen Namen, Simon heißt er, aber das erfahren wir kunstvoll von Meister Lukas erst, als Jesus sich ihm zuwendet, ihm, der mit seinem Urteil über Jesus nach dieser Angelegenheit fertig ist, wie er mit dem Urteil über die Frau fertig ist: Sie ist eine Sünderin und Jesus kein Prophet.
"Simon, ich habe dir etwas zu sagen." "Sag es, Lehrer", antwortet Simon höflich. Ob er gleich begreift, dass die Geschichte, die Jesus ihm erzählt etwas mit ihm zu tun hat? Dass sie ihn in einen Vergleich mit dieser Frau bringt, mit der er gar nichts zu tun haben will, ja schlimmer noch, dass er beim Vergleich mit ihr schlechter wegkommt als sie? Jesus muss ihn ziemlich deutlich dorthin führen. Wie er die Frau so ruhig gelassen hat, weil sich bei ihr in seiner Gegenwart alles von selbst klärte, so deutlich muss er den Simon Schritt für Schritt zum Punkt der Erkenntnis führen. Als guter Rabbi erzählt er ihm zunächst eine Geschichte, damit verlockt er Simon zum Denken.
Der Vergleichspunkt sind erst die Schulden. Viele Schulden, wie sie, die Sünderin, wenig Schulden, wie er, der gerechte Pharisäer. Damit kann Simon noch einverstanden sein. Dann wechselt der Vergleichspunkt zur Liebe: viel Liebe, wie sie, die weinende Frau, wenig Liebe, wie er, der verurteilende Mann. Das ist schon bedenklicher für Simon. Ihr sind ihre vielen Sünden vergeben, denn sie hat viel geliebt – hat sie es nicht einfach bewiesen an Jesus? Wem aber wenig vergeben wird, der liebt wenig.

Hier wird die Klemme offenbar, in der dieser Mann Simon steckt: Als guter Pharisäer will er so viel wie möglich Gutes tun, das Richtige tun, Gott wohlgefällig sein, also möglichst wenig, möglichst keine Sünden begehen, die vergeben werden müssten. Wem aber wenig vergeben werden muss, der liebt auch wenig, der lebt sein Leben nach Regeln und Ordnungen. Das Wichtigste ist für ihn, alles richtig gemacht zu haben, für ihn ist nicht Liebhaben, sondern Rechthaben das höchste Gebot. Fast ohne es selbst zu merken, widerspricht er damit dem höchsten jüdischen Gebot, wie es Jesus zusammengefasst hat (Mk 12, 30): "Du sollst den Herrn deinen Gott lieb(hab)en von ganzem Herzen von ganzer Seele und mit aller deiner Kraft und deinen Nächsten (liebhaben) wie dich selbst (liebhaben)."

IV. Was tut Jesus eigentlich?

Er erkennt die Liebe in dieser Frau, die sich über Konventionen und Ordnungen hinwegsetzt, und lässt sich lieben. Er vergibt Schuld und schenkt Frieden. So mit der Frau.

Mit Simon geht er ganz ähnlich geduldig und seelsorglich um: Er folgt seiner Einladung. Er wendet sich ihm persönlich zu, als er merkt, dass Simon sein Verhalten nicht billigt, und stellt die Beziehung zu ihm wieder her, die durch Simons Selbstgespräch unterbrochen war; das tut er indirekt, durch eine Geschichte und er stellt ihm eine Frage, durch die Simon recht haben kann - "recht hast du geurteilt", sagt Jesus ausdrücklich und führt ihn so zur Selbsterkenntnis, ohne ihn zu demütigen: Ich bin also ein Mensch mit wenig Liebe. Eine harte Selbsterkenntnis.

Er bringt ihm bei, dass es um Liebe geht. Weg vom Rechthaben hin zum Liebhaben. Das ist Beziehungslogik.

„Siehst du diese Frau?", fragt Jesus ihn. Nein, bislang hatte er sie nicht gesehen. Nur sich selbst in seinem Urteil über sie. Indem Jesus ihm die Augen für diese

Frau öffnet, öffnet er ihm auch die Augen für sich selbst. Selbsterkenntnis ist der Anfang der Heilung.

Das Heilmittel gegen zu wenig Liebe in dieser Geschichte heißt: bedürftig sein. Die eigene Bedürftigkeit zulassen. (Niemand versteht sich darauf besser, als die ganz kleinen Kinder, die so bedürftig sind und so viel Liebe abbekommen.) Aber die Frau konnte es auch, mit ihrem Eindringen in die Männergesellschaft und ihren Tränen, ihrem Streicheln der Füße und Küssen und Salben hat sie ihre Bedürftigkeit ausgedrückt. Auch Jesus hat, indem er das alles empfangen hat, und zwar gerne, nicht nur notgedrungen, seine Bedürftigkeit ausgedrückt, die er ja auch Simon gegenüber noch einmal äußert: "du hast mir die Füße nicht gewaschen." Die Frau aber hatte etwas zum Verschenken, ihre Tränen, ihre Liebe, sich selbst, und Jesus, der einfach liegenblieb, hat es sich schenken lassen.

Etwas brauchen, etwas schenken und sich etwas schenken lassen – das sind die Heilmittel gegen zu wenig Liebe. Die nächste Woche wird uns manche Gelegenheit schenken, sie zu ergreifen. Amen

11. Sonntag nach Trinitatis 2013, Ludwigskirche Freiburg

Johannes 17,1-8: Jesu Gebet

Liebe Gemeinde!
Heute, am Sonntag, der hineinführt in die Leidenszeit Jesu, blicken wir noch einmal ganz allein auf ihn. Später dann, im Verlauf der Woche werden andere wichtig, die Soldaten, der Hohe Rat, die Römer, Pontius Pilatus. Jetzt geht es nur um ihn. Wir haben in der Lesung gehört, wie er in Jerusalem eingezogen ist. Zu Beginn der Adventszeit haben wir dieselbe Lesung gehört. Damals erwarteten wir das kleine Kind, in dem Gott zur Welt kommt. Heute sehen und hören wir auf den erwachsenen Mann, in dem Gott den Tod der Welt stirbt.
Unser heutiger Predigtabschnitt stellt uns an die Seite der Jünger Jesu. Mit ihnen sind wir im Abendmahlssaal. Vieles hat Jesus zu ihnen gesprochen – sehr Wichtiges, letzte Worte gewissermaßen: dass ER der Weg die Wahrheit und das Leben ist, er verheißt ihnen den Heiligen Geist, er gibt ihnen das Gebot der Liebe und vieles, vieles mehr – und nun geht sein Gespräch mit den Jüngern unmittelbar über in sein Gespräch mit Gott. Die Jünger dürfen zuhören und wir auch. In der kirchlichen Tradition werden diese Worte des 17. Kapitels, dessen Beginn wir jetzt hören, das Hohepriesterliche Gebet Jesu genannt.

So redete Jesus und hob seine Augen auf zum Himmel und sprach: Vater, die Stunde ist da: verherrliche deinen Sohn, damit der Sohn dich verherrliche; denn du hast ihm Macht gegeben über alle Menschen, damit er das ewige Leben gebe allen, die du ihm gegeben hast. Das ist aber das ewige Leben, dass sie dich, der du allein wahrer Gott bist, und den du gesandt hast, Jesus Christus, erkennen. Ich habe dich verherrlicht auf Erden und das Werk vollendet, das du mir gegeben hast, damit ich es tue. Und nun, Vater, verherrliche du mich bei dir mit der Herrlichkeit, die ich bei dir hatte, ehe die Welt war. Ich habe deinen Namen den Menschen offenbart, die du mir aus der Welt gegeben hast. Sie waren dein und du hast sie mir gegeben, und sie haben dein Wort bewahrt. Nun wissen sie, dass alles, was du mir gegeben hast, von dir kommt. Denn die Worte, die du mir gegeben hast, habe ich ihnen gegeben und sie haben sie angenommen und wahrhaftig erkannt, dass ich von dir ausgegangen bin, und sie glauben, dass du mich gesandt hast.

Wenn wir durch Johannes den Evangelisten, oder besser noch durch den Heiligen Geist, teilhaben dürfen am Gespräch des Sohnes mit dem Vater, dem ewigen Gespräch, dann braucht sich niemand zu wundern, dass diese Worte ein bisschen hoch für uns sind – hoch wie der Himmel, zu dem Jesus seine Augen hob, wie es am Anfang heißt; niemand braucht sich zu wundern, dass wir ihre Tiefe nicht ausloten können.

„Vater, die Stunde ist da!"

Vater nennt er ihn, sein Gespräch mit den Jüngern geht unmittelbar über in sein Gespräch mit Gott, seine Verbindung mit Gott ist so stark, dass sie immer gegenwärtig und lebendig ist.

„Vater, die Stunde ist da!"

Als Jesus geboren wurde, da war es genug, dass ER geboren war. Sein Dasein genügte. Wie das Dasein eines jeden neugeborenen Kindes genügt. Mit ihm kam die Hoffnung in die Welt, dass sie von Gott nicht aufgegeben ist, sondern geliebt.

Aber das bloße Dasein des Menschen, in dem Gott zur Welt kam, konnte nicht alles bleiben. Jesus begann zu wirken. Er heilte Kranke, er suchte Verlorene und führte sie zurück in die Gemeinschaft, er bannte die Macht des Bösen und tat Wunder, er sammelte seine Jünger und viele Menschen, die ihm nachfolgten, die ihn verehrten bis hin zu denen, die ihn mit Jubel in Jerusalem empfingen: Der König ist da! Hosianna! Nun spricht er zu Gott von der Stunde.

„Vater, die Stunde ist da!"

Die Stunde, um derentwillen Gott Mensch geworden ist, die Stunde, um derentwillen Jesus darauf verzichtet hat, Gott gleich zu sein, "sondern entäußerte sich selbst und nahm Knechtsgestalt an", wie der Philipperhymnus (Phil 2,7) es ausdrückt. Die Stunde, die alles erfüllt. Natürlich ist damit nicht eine einzelne Zeitstunde gemeint, sondern das „Jetzt", alles, was nun geschieht vom Verrat über die Kreuzigung bis zur Auferstehung.

„Vater, die Stunde ist da!"

Am Ende dieser Stunde wird der Osterjubel stehen. Am Anfang steht Jesu Gespräch mit Gott. Dazwischen ist es die Stunde seiner Auslieferung an den Verrat, an die Macht, die Gewalt, die Einsamkeit, den Tod.

Das heißt, so schwer es uns fällt, das zu denken und zu glauben, es heißt, dass Jesus dies gewollt hat, dass Gott dies gewollt hat.

Vielleicht lässt uns Johannes, nein der Heilige Geist, teilhaben an diesem Gespräch Jesu mit Gott damit wir wie die Jünger wissen sollen: Es war kein Zufall, dass Jesus sterben musste, kein Missgeschick, das unter günstigeren Umständen hätte verhindert werden können, sondern es geschah, weil Gottes Wille und Jesu Wille eins waren darin, dass es jetzt geschehen soll. Die anderen Evangelisten erzählen dieses in der Gebetsszene im Garten Getsemane, wo Jesus sagt: „nicht mein Wille, sondern dein Wille geschehe" (Lk 22,42). Im Hohepriesterlichen Gebet legt der Evangelist Johannes diese Getsemane-Szene aus.

„Vater, die Stunde ist da, verherrliche deinen Sohn, damit der Sohn dich verherrliche." Mit diesem Verherrlichen ist nicht die Herrlichkeit gemeint, die Jesus schon hat: Seine übergroßen Gaben, die so vielen Menschen zu Gute gekommen sind. Dieses Verherrlichen bezieht sich auf den Weg, den er nun gehen wird. Beim Propheten Jesaja hat Jesus sein Vorbild gefunden in den Liedern vom Knecht Gottes, mit dem Jesus sich irgendwann identifiziert haben muss, sich selbst und seinen Weg erkannt haben muss: Ich bin dieser Knecht Gottes. Im zweiten dieser Lieder stehen die Verse: „ER (Gott) sprach zu mir: Du bist mein Knecht, an dem ich mich verherrlichen will" (Jes 49,3).

Von diesem Du wird gesagt: "Er bietet seinen Rücken den Schlagenden, seine Backe denen, die ihn zu Fall bringen. Er birgt sein Angesicht nicht vor Schmach und Speichel" (Jes 50,6). „Er hatte keine Gestalt noch Schöne. Und es ist an ihm nichts zu sehen, was den Leuten gefallen hätte" (Jes 53,2).

Gottes Herrlichkeit soll an ihm gerade in der Knechtsgestalt aufscheinen – die Wirklichkeit Gottes, seine Wirkmächtigkeit, seine Erlösungskraft soll in seiner Schwachheit aufscheinen. Das, was menschlich gesehen eine Stunde der Verzweiflung ist, eine Stunde der Gottlosigkeit und tiefster Finsternis, von Gott her ist es die Stunde der Herrlichkeit, die wir erst an Ostern begreifen. Das sollen die Jünger wissen, bevor sie in die Dunkelheit dieser Stunde hineingehen, das sollen sie wissen, bevor die Zeit kommt, in der keine Erklärungen mehr gegeben werden können. Deshalb dieses Predigtwort am Beginn der Karwoche.

Die Herrlichkeit Gottes wird für uns wieder erkennbar sein am Ostertag. Dann werden wir verstehen, dass diese Stunde eine Stunde der Verherrlichung, eine Stunde der Versöhnung ist. Denn die Gottlosigkeit der Welt, die andauernde Ablehnung Gottes in der Welt wird im Kreuz Jesu durchkreuzt, der Riss zwischen Gott und Mensch in ihm überbrückt, geheilt, die verlorene Schöpfung wieder heimgeholt. Der ewige Unterschied zwischen dem unendlichen Gott und dem sterblichen Menschen wird aufgehoben – darum ist das Kreuz die Stunde der Herrlichkeit Gottes in seinem Sohn.

Jesus weiß das und an diesem Wissen lässt er seine Jünger, also auch uns teilhaben.

Die Jünger sind wichtig in dem Gebet Jesu, sie sind ja dabei, sie hören zu. Das Gespräch zwischen dem Vater und dem Sohn bezieht sie mit ein, wie es uns mit einbezieht. Denn das Hinundher zwischen Vater und Sohn "Verherrliche deinen Sohn, damit der Sohn dich verherrliche" ist kein Spiel in sich, sondern ist bezogen auf alle Menschen und dann noch einmal besonders auf seine Jüngerinnen und Jünger und ganz besonders auf die Zwölf, die bei ihm waren in der Nacht, in der er ausgeliefert wurde. Sie sollen verstehen – und wir mit ihnen, dass sie, dass wir hineingewoben sind in das in das Gespräch des Sohnes mit dem Vater, damit sie nicht, damit wir nicht, wenn die Nacht des Todes kommt, glauben, dass wir allein sind, ohne Gott. Jesus wird bei uns sein und unsere Schwachheit tragen.

Aber Jesus ist für uns nicht erst gekommen, wenn wir sterben – auch unser Leben jetzt will er begleiten. Wir sind hineingewoben in sein ewiges Gespräch mit dem Vater. Was ist da unser Teil? Wo ist unsere Stimme?

Ich stelle einmal aus diesen kurzen Versen, die uns heute gegeben sind, zusammen, was die, die zu Jesus gehören, tun:

Sie haben Gottes Wort *bewahrt*.

Sie *wissen*, dass alles, was Jesus hat, von Gott kommt, d.h. sie erkennen die Einheit von Vater und Sohn.

Sie haben die Worte *angenommen*, die Jesus ihnen gegeben hat.

Sie haben *erkannt*, dass Jesus von Gott ausgegangen ist.

Sie *glauben*, dass er ihn gesandt hat.

Bewahren – Annehmen – Erkennen – Glauben. Mehr nicht. Weniger aber auch nicht!

Wir können all dies von der Kirche ganz im Allgemeinen sagen: sie hat Gottes Wort bewahrt – dass wir Altes und Neues Testament lesen können in jedweder Übersetzung und in den Ursprachen, das ist ein hohes Gut, das wir nicht hoch genug schätzen können.

Die Kirche hält an der Einheit von Gott und Jesus Christus in ihrem Bekenntnis fest. Sie hat Taufe und Abendmahl angenommen, als wirksame Zeichen der Nähe Gottes, die Jesus ihr gegeben hat. Sie erkennt, dass Jesus von Gott kommt, und erkennt damit auch die Geschichte an, die Gott mit seinen Menschen und besonders dem Volk Israel hat.

Und sie steht ein für den Glauben in einer Welt, die lieber alles Mögliche andere tut als zu glauben.

Wir können das alles für die Kirche im Allgemeinen sagen und froh sein, dass es die Kirche gibt. Wir könnten es aber auch für uns sagen, jede, jeder für sich kann sich fragen: Komme auch ich vor in dem Gespräch zwischen Gott und Christus? Welches Wort von Gott habe ich bewahrt für mich? Was weiß ich von der Einheit des Vaters mit dem Sohn? Nehme ich an, was Jesus Christus mir gibt? Erkenne ich, dass er von Gott kommt und glaube? Wie wirkt mein Glaube in der Welt? Wie mehrt er die Hoffnung, die Liebe? Welche Stunde ist da für mich mit Gott?

Selbst wenn wir auf alle diese Fragen keine Antwort wissen sollten oder es nicht glauben können, steht er doch ein für jede und jeden von uns.

Darum kann auch unsere Stimme mitklingen in dem großen Gespräch, wenn wir jetzt miteinander Gott loben. Amen

Palmsonntag 2013, Ludwigskirche Freiburg

Matthäus 27,33-54: Jesu Kreuzigung

Und als sie an die Stätte kamen mit Namen Golgatha, das heißt: Schädelstätte, gaben sie ihm Wein zu trinken mit Galle vermischt; und als er's schmeckte, wollte er nicht trinken. Als sie ihn aber gekreuzigt hatten, verteilten sie seine Kleider und warfen das Los darum. Und sie saßen da und bewachten ihn. Und oben über sein Haupt setzten sie eine Aufschrift mit der Ursache seines Todes: Dies ist Jesus, der Juden König. Und da wurden zwei Räuber mit ihm gekreuzigt, einer zur Rechten und einer zur Linken. Die aber vorübergingen, lästerten ihn und schüttelten ihre Köpfe und sprachen: Der du den Tempel abbrichst und baust ihn auf in drei Tagen, hilf dir selber, wenn du Gottes Sohn bist, und steig herab vom Kreuz! Desgleichen spotteten auch die Hohenpriester mit den Schriftgelehrten und Ältesten und sprachen: Andern hat er geholfen und kann sich selber nicht helfen. Ist er der König von Israel, so steige er nun vom Kreuz herab. Dann wollen wir an ihn glauben. Er hat Gott vertraut; der erlöse ihn nun, wenn er Gefallen an ihm hat; denn er hat gesagt: Ich bin Gottes Sohn. Desgleichen schmähten ihn auch die Räuber, die mit ihm gekreuzigt waren. Und von der sechsten Stunde an kam eine Finsternis über das ganze Land bis zur neunten Stunde. Und um die neunte Stunde schrie Jesus laut: Eli, Eli, lama asabtani? Das heißt: Mein Gott, mein Gott, warum hast du mich verlassen? Einige aber, die da standen, als sie das hörten, sprachen sie: Der ruft nach Elia. Und sogleich lief einer von ihnen, nahm einen Schwamm und füllte ihn mit Essig und steckte ihn auf ein Rohr und gab ihm zu trinken. Die andern aber sprachen: Halt, lass sehen, ob Elia komme und ihm helfe! Aber Jesus schrie abermals laut und verschied.

Liebe Gemeinde!

Auf den ersten Blick, aufs erste Hören ist das eine sehr schlichte Erzählung. Hier wird nichts erklärt, hier wird eine Geschichte erzählt.

Wie immer, wenn eine Geschichte erzählt wird, sehen die meisten Menschen Bilder davon im Kopf.

Da die Geschichte von der Kreuzigung Jesu schon so lange Zeit erzählt wird, über viele Jahrhunderte hin, sind auch unendlich viele Bilder zu dieser Geschichte entstanden, nicht nur in den Köpfen der Zuhörenden, sondern auch auf Leinwänden, Holztafeln, Papieren, in Stein gemeißelt, aus Holz geschnitzt, aus Erz gegossen oder mit Eglifiguren gestellt – in Bibeln abgedruckt, in Schulbücher eingefügt, in Museen aufgehängt, im Internet gespeichert.

Welche Bilder vom Sterben Jesu sind in Ihren Köpfen gespeichert? Sind diese Bilder verbunden mit Bildern vom Sterben eines Ihnen nahen Menschen? Sind es ferne Bilder? Nahe Bilder?

Was bei Matthäus auffällt, ist, dass er selbst kein Bild malt. Er malt nichts aus. Dass Jesus gekreuzigt wird, bringt er in einem Nebensatz unter und da nur das „dass" – nichts davon, ob er auf dem Boden lag, oder aufgerichtet am Kreuz, nichts von Nägeln, Hammerschlägen, Schreien oder Blut, nicht einmal etwas von Soldaten, einfach nur sie.

„Sie, ihn kreuzigend, teilten seine Kleider unter sich, darum würfelnd."

Jetzt kann man merken, dass Matthäus, während er erzählt, doch noch etwas anderes tut als nur erzählen. So wie er erzählt, schafft er eine Verbindung zum Alten Testament, denn er zitiert beim Erzählen den 22. Psalm. Es ist ein sehr langer Psalm und in ihm kommt der Vers vor: „Sie teilen meine Kleider unter sich und werfen das Los um mein Gewand" (Ps 22,19).

Wenn Matthäus diesem: „Sie teilten seine Kleider" den Hauptsatz in seiner Erzählung gibt, dann gibt er seiner Erzählung schon eine Deutung, er sagt damit: In dem, was jetzt geschieht an Jesus, mit Jesus, erfüllt sich die Heilige Schrift, erfüllt sich, was die Propheten vorausgesehen haben, erfüllt sich Gottes Wille. Was hier geschieht, ist nicht nur ein scheußliches Verbrechen, ein Justizmord, durchgeführt von rohen römischen Soldaten, sondern hier geschieht etwas ganz aus dem Willen Gottes. Im Garten Getsemane hat Jesus in diesen Willen eingestimmt, ohne Zwang, aus freiem Willen, weil er der Gesalbte Gottes ist.

Ein Beispiel seines Willens gibt Jesus noch bevor er ans Kreuz geheftet wird: Er will das Gemisch aus Wein und Galle nicht trinken. Er kann immer noch sehr genau unterscheiden, was er will und was er nicht will. Matthäus bringt dabei wieder ein kurzes Psalmenzitat unter, diesmal aus Psalm 69,22: „Sie geben mir Galle zu essen und Essig für meinen Durst".

Jesus kann am Kreuz hängend, immer noch sehr genau unterscheiden, was er will und was er nicht will. Dieser Wille wird im Folgenden auf eine harte Probe gestellt. Denn in drei Wellen muss er Verspottung und Lästerung über sich ergehen lassen. Auch hier wieder finden sich Zitatteile aus Psalm 22: „die aber vorübergingen, lästerten ihn und schüttelten ihre Köpfe". Das Köpfeschütteln kommt an manchen Stellen im Alten Testament vor, um Abscheu und Verachtung auszudrücken. „Hilf dir selbst, wenn Du Gottes Sohn bist, und steige herab vom Kreuz!" Wenn Du Gottes Sohn bist ... ja, woran zeigt sich denn, dass er Gottes Sohn ist? Ziemlich am Anfang des Matthäusevangeliums, gleich nach seiner Taufe, wird Jesus nach 40 Tagen Fasten vom Teufel versucht, und der redet ganz ähnlich: „Bist du wirklich Gottes Sohn, so wirf dich herab vom Tempel" (Mt 4,6) ... und zeige, dass Gottes Engel dich auffangen, könnte man fortfahren. Er ist ja gesprungen, aber ganz anders als der Teufel dachte, herabgestiegen ist er nicht vom Kreuz, sondern gesprungen in die tiefste Tiefe. Für uns zeigt sich, dass er Gottes Sohn ist, dass er vor dieser Tiefe nicht zurückscheute.

Zuerst sind es die Vorübergehenden, die ihn verspotten – was haben die da eigentlich herumzuspazieren? Schaulustige, Schadenfreudige. Die römischen Soldaten, die ihn bewachen, lassen sie gewähren. Sie passen wohl nur auf, dass ihn keiner vom Kreuz wieder abnimmt.

Dann brandet die nächste Welle des Spotts an: Die Hohenpriester, die Schriftgelehrten und Ältesten kommen vorbei und schauen, wie er da nackend am Kreuz hängt. Ob er sie auch anschaut, und mit welchen Augen? Matthäus erzählt es nicht. Er erzählt nur von ihrem Spott und seinem Schweigen. „Andern hat er geholfen, und kann sich selbst nicht helfen." Mit der ersten Hälfte des Satzes haben sie ja recht: Unzählige Kranke hat er geheilt, Menschen, die sich in den misslichsten Lagen befunden haben, Bettler, Ausgestoßene, Besessene, immer hat er sie befreit und in einen menschenwürdigen, schöpfungsgemäßen Zustand gebracht. „Und kann sich selbst nicht helfen", wie viel Verachtung liegt in diesen Worten. Und doch drücken sie einfach nur aus, was menschlich ist. Man braucht ja nur ein neugeborenes Kind zu sehen, um zu wissen, dass das stimmt. Und wenn wir sterben, wird es wieder so sein, dass wir uns nicht selbst helfen können. Aber es reicht seinen Spöttern noch nicht, ihn um seiner Menschlichkeit willen zu verspotten. „Ist er der König von Israel, dann steige er nun vom Kreuz herab, dann wollen wir ihm glauben." Ihn selbst reden sie gar nicht an, das tut die vorüberziehende Menge, sie reden über ihn, das kränkt schließlich noch mehr. „Ist er der König von Israel" das steht zu seinen Häupten auf der Tafel, die Pontius Pilatus hat anfertigen und anbringen lassen: „Dies ist Jesus, der Juden König" – „Er steige nun herab vom Kreuz, dann wollen wir an ihn glauben." Hätten sie wirklich erkannt, dass er von Gott gekommen ist, dann müssten sie an ihn glauben, das ist auch ihnen klar. Was hätte das alles in ihrem Leben verändert, ihr ganzes Machtgefüge wäre durcheinander geraten, nun kann alles für sie beim alten bleiben, wie beruhigend. Sie wollen selbst definieren, wann sie glauben: Er steige nun herab. Jetzt, auf der Stelle, vor meinen Augen muss es geschehen, sonst glaube ich nicht.

Die Hohenpriester ahnen nicht, welche Veränderung auch für sie damit einhergehen wird, dass Jesus am Kreuz hängen bleibt und er der Versuchung widersteht, die Legion Engel zu rufen (Mt 26,53).

Die dritte Welle des Spotts kommt dann von ganz nah, die beiden Räuber, die mit ihm gekreuzigt werden, verspotten ihn auch.

So ist er ganz allein, die Jünger sind schon lange weg, Judas hat ihn verraten, Petrus verleugnet, die anderen geflohen, die Frauen stehen von ferne und trauen sich nicht her, die Soldaten haben ihm seine Kleider weggenommen und sind mit Würfeln beschäftigt, Fremde, die religiöse Obrigkeit und seine Mitgefangenen verhöhnen ihn. Zum Schluss verlässt ihn auch noch Gott.

Da wird es dunkel, drei Stunden lang. Gott schaltet das Licht aus. Die finsterste Finsternis entsteht, weil es finsterste Finsternis ist, was da geschieht, der Gerechte Gottes, sein Sohn, in dem er selbst Mensch wurde, wird am Kreuz ermordet, es ist nicht zum Mitansehen. Ein zweiter möglicher Grund für diese Finsternis: Sie ist Ausdruck der Dunkelheit und des Chaos, bevor die neue Schöpfung beginnen kann. Denn als es wieder hell wird, lebt Jesus noch. Und in dieses wieder aufgehende Licht hinein schreit er. Gleich zweimal lässt uns Matthäus diesen Schrei hören: Aramäisch und ins Griechische übersetzt. „Mein Gott, mein Gott, warum hast Du mich verlassen?", Höhepunkt der ganzen Szene, nicht gemalt, aber inszeniert. Drei Stunden Dunkelheit, das Licht kommt wieder und der Schrei Jesu in seiner Gottverlassenheit. Dieses wiederkehrende Licht und der Schrei, sie gehören zusammen.

Wie deuten wir diesen Schrei und die Tatsache, dass auch er ein Psalmzitat ist, der Beginn des 22. Psalmes? Der Psalm ist lang, an seinem Ende ist der Beter gerettet und Gott wird aufs überschwänglichste gelobt in der großen Gemeinde. Klingt in Jesus der ganze Psalm an, wenn er den ersten Satz herausschreit? Ist es eine Mitteilung für die Leser: Am Ende wird alles gut, alles neu? Oder fühlt sich Jesus so von Gott verlassen, wie es dieser Satz ausdrückt: „Mein Gott, mein Gott, warum hast Du mich verlassen?"

Sein Weg ans Kreuz, sein Ja zum Kreuz, war der Weg in die Niedrigkeit, den er begann, als er Mensch wurde im Leib der Maria. Vom Himmel stieg er herab, nicht vom Kreuz. Diesen Weg in die Niedrigkeit ging er bis ans Ende – und dazu gehört das Wissen, ich bin allein. Ganz allein. Auch Gott ist ihm nicht mehr nah, kein lieber Abba. Wenn Gott wirklich sterben will, in Jesus seinem

Sohn am Kreuz, dann gehört es dazu, dass er ihn das alleine tun lässt und so selbst stirbt. Der allmächtige Gott stirbt in Jesus am Kreuz – denn wohl hätte der allmächtige Gott sich selbst helfen können, es gibt keine Situation, die zu schwer für ihn wäre. Diese Allmacht gibt Gott auf im Tod seines Sohnes. Darum schreit der sein Gottverlassensein heraus, ihm zu, nicht wissend, ob sein Schrei bei Gott ankommt. Weil Gott seine Allmacht aufgibt im Tod Jesu wird Jesus später das Gericht übergeben. Gott verzichtet auf seine Allmacht und der das Kreuz erlitten hat und den Weg der Niedrigkeit gegangen ist, der Leid und Schmerzen ertragen hat, der soll richten. Dieses Drama spielt sich in Gott selbst ab, der Sohn und der Vater sind zwar als Personen verschieden, aber sie sind beide gleich als der Eine Gott, daran können wir immer festhalten auch wenn wir können nur in schwachen Worten davon reden.

Dennoch hat es für uns die größten Folgen – denn er wurde geboren und ist gestorben, lebte unser Leben, starb unseren Tod. Darum muss keiner allein sein, auch nicht in der größten Einsamkeit des Todes, den doch immer jeder für sich selbst sterben muss. Denn Er ist diesen Weg auch gegangen und hat alle Niedrigkeit, körperliche, seelische, alle Verzweiflung, alles fehlgehende Leben, alle Schuld mit an sein Kreuz genommen, mit hineingenommen in seinen Schrei.

Auf den Schrei hin werden wieder einige Menschen aktiv, sie missverstehen ihn, ein wenig Mitgefühlt rührt sich bei dem einem, der ihm zu trinken gibt, oder ist es doch noch mehr Folter, weil er ihm Essig gibt? – aber Jesus schreit noch einmal laut und stirbt. In diesem Schrei ist er noch einmal ganz Mensch. Es ist der Schrei des Lebens. Amen

Karfreitag 2013, Ludwigskirche Freiburg

PAULINISCHE DEUTUNGEN

Kolosser 1,24-27: Christus in euch

Nun freue ich mich in den Leiden, die ich für euch leide, und erstatte an meinem Fleisch, was an den Leiden Christi noch fehlt, für seinen Leib, das ist die Gemeinde. Ihr Diener bin ich geworden durch das Amt, das Gott mir gegeben hat, dass ich euch sein Wort reichlich predigen soll, nämlich das Geheimnis, das verborgen war seit ewigen Zeiten und Geschlechtern, nun aber ist es offenbart seinen Heiligen, denen Gott kundtun wollte, was der herrliche Reichtum dieses Geheimnisses unter den Heiden ist, nämlich Christus in euch, die Hoffnung der Herrlichkeit.

Liebe Gemeinde!
An Weihnachten werden die Geheimnisse gelüftet. Lang verborgen gehaltene Geschenke, heimlich besorgt, hinter dem Rücken des zu Beschenkenden gebastelt, fleißig geübt, oder wenigstens so schön verpackt, dass man nicht gleich sehen kann, was drin ist. Auch die nüchternsten Weihnachtsfeierer haben sich einen Hauch Geheimnis für Weihnachten bewahrt. Aber wenn dann an Heiligabend ausgepackt wird, ist das Geheimnis vorbei, offen liegt das Geschenk zutage und was im Keller gewerkelt oder in der Küche gebacken wurde, ist nun auch kein Geheimnis mehr.

Das Geschenk aber, auf das es an Weihnachten vor allen Dingen ankommt, ohne das wir Weihnachten gar nicht feiern könnten, nämlich dass Gott in Jesus Mensch wurde, bleibt auch nach Weihnachten noch ein Geheimnis. Dieses Geheimnis wird nicht dadurch gelüftet, dass wir Gottesdienst feiern, dass wir Lieder singen und die Krippe betrachten. "O dass mein Sinn ein Abgrund wär, und meine Seel ein tiefes Meer, dass ich dich möchte fassen" dichtete Paul

Gerhard, weil dieses Geheimnis eben nicht zu fassen ist, ja, je mehr wir uns ihm nähern, je mehr wir uns befassen damit, desto geheimnisvoller bleibt es.

Solch eine Art von Geheimnis, das nicht gelüftet werden kann, auch wenn es offenbar ist, nennt Paulus ein Mysterium.

In unserem Predigtabschnitt aus dem Brief an die Kolosser geht es um diese Art von Geheimnis, um ein Mysterium. Lange war es verborgen, Ewigkeiten, Generationen lang, nun ist es offenbar.

Von Ewigkeit her war Jesus Christus bei Gott, dem Vater, verborgen vor der Welt, lang verborgen selbst vor seinem geliebten Volk – wenngleich doch wie Sterne in der Nacht immer wieder der eine oder andere Prophet, die eine oder andere Liederdichterin ihn hat kommen sehen – wie Bileam (Num 24,17) einst sagte: "ich sehe ihn, aber nicht jetzt, ich schaue ihn, aber nicht von nahem. Es wird ein Stern aus Jakob aufgehen", oder wie der Prophet Jesaja, der hörte, wie Gott zu seinem Knecht sagt: „es ist mir nicht genug, dass du mein Knecht bist, die Stämme Israels aufzurichten..., sondern ich habe dich auch zum Licht der Heiden gemacht, dass du seiest mein Heil bis an die Enden der Erde" (Jes 49, 6), oder wie es im Psalm heißt: "Du bist mein Sohn, heute habe ich dich gezeugt" (Ps 2,7) – aber aufs Ganze gesehen war dieses Geheimnis Christus doch verborgen. Doch nun, an Weihnachten ist es offenbar geworden, ist es erschienen.

Hier liegt die direkte Verbindung unseres Predigttextes mit dem Fest Epiphanias, Erscheinungsfest. Christ ist erschienen. Das Geheimnis ist nicht mehr verborgen, sondern Gott wollte es kundtun, er wollte es nicht mehr bei sich behalten, sondern in die Welt bringen, unter die Menschen zu seinen Heiligen. Denn, wem Gott ein solches Geheimnis, seinen eingeborenen Sohn, kundtun will, der gehört zu ihm, der oder die wird zu seinen Heiligen gezählt. Maria allen voran, aber auch Josef, die Hirten, die Heiligen Drei Könige und jeder Mensch, dem fortan von diesem Kind erzählt wird, so dass auch wir zu seinen Heiligen zählen, also: Die ganze Kirche. Ihr, den Menschen, die sie ausmachen, wollte Gott dieses Geheimnis kundtun.

Nun wäre schön, Paulus würde uns noch etwas mehr über das Geheimnis sagen, worin es denn besteht. Wir haben erfahren: Es war lange verborgen, jetzt ist es erschienen, Gott wollte es seinen Heiligen kundtun. Aber wie sieht es aus, was ist es für ein Geheimnis? Paulus ist aber leider sehr zurückhaltend, um nicht zu sagen: Geheimnistuerisch.

Er spricht aber immerhin vom Reichtum der Herrlichkeit dieses Geheimnisses. Das Geheimnis ist nicht einfach nur herrlich, sondern ein ganzer Reichtum an Herrlichkeit, wie eine Schatztruhe mit unermesslich wertvollen, fremdartigen Goldmünzen und Geschmeiden, oder wie eine riesige Kunsthalle, voll der wunderbarsten Kunstwerke und menschlichen Begabungen – Reichtum der Herrlichkeit, oder auch herrlicher Reichtum, geradezu schwelgerisch wird Paulus.

Dieser Reichtum der Herrlichkeit des Geheimnisses schwebt aber nun nicht irgendwo im Himmel, oder in den Gedanken, sondern ist in den Völkern, unter den Völkern, nicht nur im Volk der Juden, in dem der Heiland geboren wurde, sondern in allen Völkern. Der Evangelist Matthäus schildert uns in seinem Evangelium, wie stellvertretend für die Völker und als ihre Repräsentanten, die Heiligen Drei Könige dieses herrliche Geheimnis suchen und finden.

Ist es nicht auch so, dass das Geheimnis Jesus Christus sich in den Völkern in unglaublich vielfältigem Reichtum, ja Herrlichkeit zeigt? Dass nämlich die Vielfalt selbst Reichtum und Herrlichkeit ist, die Vielfalt der Gestaltungen von Glauben und Theologie und Liturgie, die Vielfalt, in der das Zeugnis vom Evangelium Jesu Christi aufgenommen und gelebt wird. Das alles ist der Reichtum der Herrlichkeit dieses Geheimnisses.

Zuletzt kommt Paulus fast überraschend doch noch deutlicher auf den Punkt zu sprechen und nennt, was das Geheimnis ist, nämlich: „Christus in euch". „Das Geheimnis ist: Christus in euch." Nicht nur in den Völkern, den Heiden im

Gegensatz zu den Juden, sondern in euch, in jedem von euch, Christus in dir und mir. Das ist das Geheimnis.

Aber fanden die Heiligen Drei Könige denn nicht den Christus außer sich, sehr weit außer sich? Eine wahrhaft weite Reise mussten sie doch machen, um ihn zu finden, und fanden ihn dann nicht in sich selbst, sondern in Bethlehem, in der Krippe liegen. Wenn sie nicht bereit gewesen wären, weit von sich weg in den Himmel zu schauen und ein ungewöhnliches Zeichen im Stern oder in einer Sternkonstellation zu erkennen, nie hätten sie ihn gefunden.

So auch wir. Wenn wir nur in uns schauen, nie finden wir ihn, wir müssen uns schon aufmachen, und wenn nicht direkt zur Krippe, so doch in die Kirche zu Taufe und Abendmahl kommen, und wenn nicht in den Himmel schauen, so doch in die Heilige Schrift, wo wir die seltsamsten Konstellationen von Worten entdecken können, Worten, die zu uns sprechen und Tiefen erreichen können, wie kaum ein Mensch. Vielleicht kann dieses Wort „Christus in Euch" auch solch ein Wort sein, das aus der Tiefe, in der Tiefe zu uns spricht. Christus in dir. Ja, die Heiligen drei Könige fanden ihn außerhalb von sich, aber als sie wieder zurückzogen, um etliches Gold, Weihrauch und Mhyrre leichter, trugen sie ihn da nicht in sich? – das liebe Gesicht, seine Mutter, den armen Stall, die große Freude, die sie empfanden, als sie den Stern über der Hütte sahen – das alles war jetzt in ihnen und begleitete sie auf ihrem Weg. Christus in euch, in uns, in mir, in dir. „O lass mich doch dein Kripplein sein, komm, komm und lege bei mir ein dich und all deine Freuden" dichtet Paul Gerhard weiter. Paulus sagt an anderer Stelle (Gal 2,20) einmal: "Ich lebe, doch nun nicht ich, Christus lebt in mir."

Aber wie sieht das aus, Christus in uns, wie lebt sich das? Paulus gibt uns noch einen Hinweis, was das Christus in euch bedeutet: Er nennt den Christus in euch die Hoffnung auf die Herrlichkeit, ja Christus in uns ist identisch mit Hoffnung auf die Herrlichkeit. Christus in uns zu haben heißt, wir haben eine Hoffnung in uns, eine Hoffnung, die uns und unser Leben verwandelt. Es ist eine Hoffnung, die einen neuen Blick schenkt.

Es ist ja nur ein Kind, auf das der Blick der drei Weisen fiel und doch ist dieses Kind der Herr der Welt. Es ist nur ein Stern, berechenbar für jeden, der genug Astronomie kann, und doch zeigt sich in ihm der Wille Gottes. Es ist nur ein Stall und doch die Herberge des großen Gottes, Gottes Reichtum in der Armut, es ist der Tod am Kreuz und doch der Beginn eines neuen Lebens. Paulus kennt eine Fülle solch verwandelnder Blicke und Formulierungen – irdene Gefäße sind wir und doch ist Christus als ein Schatz in uns, wir sind schwache Menschen und doch ist Gottes Kraft in uns mächtig. Selbst das Leiden, das Paulus als Apostel erduldet, verwandelt sich ihm zu etwas Christus Gehörendes, wenn er im ersten Abschnitt unseres Predigttextes sagt: „durch meine Leiden erstatte ich an meinem Fleisch, was an den Trübsalen Christi noch fehlt". Christus, die Hoffnung in uns, öffnet uns den Blick auf die Wirklichkeit, indem wir das Göttliche in ihr erkennen, ihre Tiefe, die plötzlich aufleuchtet, ihre Höhe, deren blendender Glanz auf alles fällt, ihre Mitte, um die alles kreist und bezogen ist, ihr Gewicht, ihre Schwere, die voll ist von Gott. Dieses tiefe Wissen, Gott ist in der Welt, er ist uns ganz nah, er ist schwach und sanft wie ein kleines Kind und doch so stark, dass der Tod gegen ihn nichts ausrichten kann. Christus in uns, Hoffnung auf die Herrlichkeit, heißt auch zu wissen, wenn wir sterben, gehen wir nach Hause, in seine Herrlichkeit. Diese Heimat, sie ist schon in uns. Deshalb haben wir eine Hoffnung, die nicht vergeht und verlieren für keinen Menschen die Hoffnung und schon gar nicht für die ganze Welt. Amen

Epiphanias 2012, Ludwigskirche Freiburg

1 Korinther 10,16.17: Gedeutetes Brot

"Der gesegnete Kelch, den wir segnen, ist er nicht die Gemeinschaft des Blutes Christi? Das Brot, das wir brechen, ist es nicht die Gemeinschaft des Leibes Christi? Denn ein Brot ist's, so sind wir viele ein Leib, weil wir alle an einem Brot teilhaben."

Liebe Gemeinde!
Diese Worte haben es in sich, weil sie die Abendmahlsworte Jesu, die Einsetzungsworte, in sich haben. Aber sie lassen diese Einsetzungsworte nicht in sich, sondern sie legen sie aus, Paulus legt sie aus, erklärt sie, deutet sie.
Das Abendmahl ist immer deutungsbedürftig, es kommt nicht ohne Worte aus. Zwar Brot und Wein sind seine Elemente und ohne diese Elemente kein Abendmahl – aber ebenso wichtig sind die Worte, die bei diesen Elementen sind, ganz eng bei ihnen, mit ihnen verbunden. Christus spricht sie selbst: "Das ist mein Leib ... das ist der neue Bund in meinem Blut".
Ohne diese Worte würden wir ja nur Brot essen und Wein trinken.
Jesus selbst hat also schon angefangen mit dem Deuten: Er hat das gebrochene Brot als seinem Leib gedeutet und den Wein im Kelch zu seinem Blut. Hätte er seinen Jüngern einfach nur Brot und Wein schweigend ausgeteilt, die christliche Kirche hätte kein Abendmahl. Also: Jesus hat angefangen mit dem Deuten.
Er hat dabei fortgesetzt, was in seiner Tradition schon längst begonnen hatte: Denn das Brot des Passah und der Wein des Passah, sie waren ja auch gedeutetes Brot und gedeuteter Wein, Brot des Elends wurde dieses Brot genannt und erinnerte an die Knechtschaft in Ägypten und die Befreiung durch Gott. Dieses im Passah schon einmal gedeutete Brot deutet Jesus mit seinem Brechen des Brotes noch einmal: Mein Leib für euch gegeben.
Paulus steht also mit seinen Worten in einer großen Tradition des Deutens: Das durch Mose (die jüdische Tradition) und Jesus doppelt gedeutete Brot deutet

Paulus weiter zur „Gemeinschaft des Leibes Christi". "Das Brot, das wir brechen, ist es nicht die Gemeinschaft des Leibes Christi?" Er sagt damit: Dieses Brot, das Jesu Leib ist, ist gleichzeitig die Gemeinschaft des Leibes Christi. Oder vielmehr fragt er uns, Bestätigung erwartend: Ist es das nicht: Gemeinschaft des Leibes?

Ebenso fragt er beim Kelch: Ist er nicht die Gemeinschaft des Blutes Christi?

Das neue Element der Deutung, das Paulus herausbringt, ist also Gemeinschaft. Jesus hatte das Brot zum Leib gedeutet und Paulus deutet dieses zum Leib gewordene Brot als Gemeinschaft. Ebenso den Kelch.

Bleiben wir also ein wenig bei diesem Element der Gemeinschaft. Damit ist natürlich zuerst eine Gemeinschaft unter Menschen gemeint. Brot und Wein schließen uns zur Gemeinschaft zusammen. Aber der griechische Begriff Gemeinschaft geht darüber noch hinaus. Er meint nämlich auch ein Anteilhaben, ein Anteilnehmen an einer größeren, übergeordneten Wirklichkeit. Eine solche Wirklichkeit ist z.B. die Muttersprache. Ein Kind, das sie lernt, nimmt sie in sich auf und gewinnt so Anteil an ihr. Es tritt damit in die Gemeinschaft derer ein, die diese Sprache sprechen. Etwas Vergleichbares geschieht nach der Aussage des Paulus im Abendmahl, in dem Kelch und Brot Anteilnahme an Blut und Leib Christi sind. Durch das Trinken des Kelches erhalten wir, die ihn segnen, Anteil am Blut Christi, durch das Brechen des Brotes erhalten wir, die es essen, Anteil am Leib Christi. So sind Leib und Blut Christi die größere Wirklichkeit, an der die Essenden und Trinkenden Anteil haben. Mit dieser größeren Wirklichkeit des Leibes und Blutes Christi ist sein Heil gemeint, seine Auferstehung, die Teilhabe am Himmelreich, die Versöhnung mit dem Vater, das neue geheiligte Leben, die Verheißung des Geistes und seiner Wiederkunft. Wenn wir mit dieser größeren Wirklichkeit Gemeinschaft haben, werden wir zu Bürgern dieses Reiches. Aber der andere Sinn von Gemeinschaft gilt auch: die Gemeinschaft untereinander. Indem wir alle, die Essenden und Trinkenden alle, Anteil haben an der größeren Wirklichkeit Christi, sind wir alle auch miteinander verbunden, eben durch dieses Heil, durch Leib und Blut Christi, durch das gedeutete Brot und den gedeuteten Kelch. Alle, die so mit Christus verbunden sind, sind auch untereinander verbunden durch ihn.

Paulus ist das aber noch nicht genug. Im nächsten Vers geht er noch einen Schritt weiter in seiner Deutung, den Schritt von der Gemeinschaft zur Einheit: „Denn ein Brot ist's, so sind wir viele ein Leib, weil wir alle an einem Brot teilhaben." Ein Brot, ein Leib, darauf kommt es jetzt an, und Paulus verwendet nicht den unbestimmten Artikel, sondern das Zahlwort: Eins. Wir haben teil an einem Brot, dieses eine Brot ist, wie er selbst sagte, Christi Leib, und durch diese Teilhabe an dem einem Leib, durch das eine Brot, sind wir selbst ein Leib geworden. Dieser eine Leib derer, die an Christi Abendmahl teilnehmen, das ist die Kirche, die Gemeinschaft der Glaubenden, überall in der Welt, durch alle Zeiten hindurch: Ein Leib. Der eine Leib, um den es am Anfang des Abendmahls ging, Christi Worte, "mein Leib, für euch gegeben", der sind wir Teilnehmende am Abendmahl nun selbst. Aus der Anteilhabe folgt die Verwandlung in das, woran man Anteil hat. So ist es mit der geistlichen Speise: Sie verwandelt den, der sie isst in das, was er isst. Beim normalen Essen verwandeln wir das, was wir essen in uns selbst, unser Fleisch und Blut. Beim geistlichen Essen und Trinken des Abendmahls werden wir verwandelt in das, was wir essen, Leib Christi.

Verwandlung, dieses Wort gebraucht Paulus nicht und es hat natürlich im Laufe der Abendmahlsgeschichte des Christentums zu viel Streit und Verwirrung geführt. Trotzdem ist es in gewissem Sinn ein nötiges Wort. Das erste ist: Verwandlung geschieht durch Deutung. Eines der eindrücklichsten Beispiele dafür in der letzten Zeit ist der Film: "Das Leben ist schön" von Frank Capra, in dem ein Vater, der mit seinem kleinen Sohn ins KZ geraten ist, die Schrecken und das Grauenhafte dieses Lebens für seinen Sohn umdeutet in ein großes Spiel, an dem sie teilnehmen, und wenn sie durchhalten, etwas Wunderbares gewinnen können. Verwandlung geschieht zunächst durch Deutung. Jedes Jahr, das die Juden Passah feiern bis auf den heutigen Tag, deuten sie das Brot, das sie da essen als das Brot des Elends, das ihre Väter in Ägypten aßen, ja sie deuten sich selbst als Menschen, die aus Ägypten, aus der Sklaverei befreit werden müssen. Jesus deutet dieses Brot als seinen Leib und wir mit ihm in jedem Abendmahl. Diese Deutung allein bewirkt eine Verwandlung. Niemand kann sagen, dies ist einfach nur Brot und nichts als Brot – indem es gedeutetes Brot ist, hat es sich verändert, es ist Brot, das mit einem Wort verbunden wurde, es ist Brot, das auf dem Altar liegt, es ist Brot, das uns ausgeteilt wird. Es ist nicht einfach nur irgendein Brot. Dabei werden auch wir verändert, verwandelt, weil auch wir gedeutet werden, indem wir dieses Brot essen: Wir sind nicht mehr einfach nur irgendwelche Menschen, sondern sind Menschen, die mit Jesus Christus verbunden sind, die von ihm gedeutetes Brot essen, von ihm gedeuteten Wein trinken. Deshalb verwandelt sich auch unser Verhältnis zueinander: Denn jemand, der oder die wie ich diese von Jesus gedeutete Speise zu sich nimmt, kann nicht mehr irgendein Mensch für mich sein, sondern, sagt Paulus, wird Teil des Leibes, an dem ich auch teilhabe, so sind wir viele ein Leib.

Gedeutete Wirklichkeit ist verwandelte Wirklichkeit. Nun könnten Sie sagen: sie ist ja nur im Wort verwandelt und nicht in Wirklichkeit. Aber das wäre ein Trugschluss. Sie ist auch in Wirklichkeit verwandelt. Wenn Gott hinter dieser Deutung steht, dann steht dahinter sein schöpferisches Wort, mit dem er die Welt aus dem Nichts schuf, dann steht dahinter sein lebenwirkendes Wort, mit dem er Christus aus dem Tode rief. Wenn Gott unsere Wirklichkeit deutet, dann wird sie so, wie er sie deutet.

Ich will ihnen dazu ein kleines Beispiel erzählen: In der Gemeinde, in der ich Abendmahl feiern gelernt habe, in der Arche in Neckargemünd, wurde ein Kind getauft. Es war das vierte Kind einer in der Gemeinde sehr bekannten Familie und es war, was selten vorkommt, ein ausnehmend hässliches Baby. Die Mutter sagte zu mir: "Hübsch ist sie ja nicht grade. Wir müssen sie halt schönlieben."

Dieses Wort "schönlieben" hat mir damals großen Eindruck gemacht und als ich Jahre später wieder einmal in der Gemeinde zu Besuch war, war dieses Kind inzwischen stolze Erstklässlerin und: So hübsch wie nur eine Sechsjährige sein kann. Es hat wohl geklappt damit, sie schön zu lieben.

So ist es mit dem Abendmahl irgendwie auch: Gott liebt uns in ihm schön. Er macht uns in ihm zu seinem Volk, seinen Kindern, zum einen Leib Christi. Deshalb geschieht bei jedem Abendmahl, an dem wir teilnehmen, etwas an uns selbst, werden wir verwandeln, wachsen wir auf den hin, wie es Paulus an anderer Stelle sagt (Eph 4,15), der unser Haupt ist, Christus. Amen

Gründonnerstag 2012, Thomaskirche Freiburg

Epheser 1,3-14: Dreieiniger Gott

Liebe Gemeinde!
Bis drei zählen kann eigentlich jeder.
Aber nicht jeder weiß, dass man auch mehr von Gott erkennt, wenn man bis drei zählen kann. In drei Abschnitte, Vater, Sohn und Heiliger Geist, so finden wir das Glaubensbekenntnis aufgebaut, diesen und jeden Gottesdienst beginnen wir im „Namen des Vaters und Sohnes und des Heiligen Geistes" und so wird nachher getauft „im Namen des Vaters ..." Dennoch ist Gott Einer. Natürlich halten wir am Monotheismus fest und protestieren gegen Behauptungen, wir würden drei Götter verehren. Es ist nur so, dass Gott einfach zu groß, zu viel, zu überfließend ist, um ihn in einem einzigen Ausdruck zu fassen. Gott, dieses Wort, ist ja auch nur eine Gattungsbezeichnung – Vater, Sohn, Heiliger Geist, das sind Beschreibungen seines Wesens. Schon im Alten Testament sind die Spuren gelegt, oft wird über Gott in einem Dreischritt geredet. Der aaronitische Segen, der am Ende jedes Gottesdienstes steht, drückt einen solchen Dreischritt aus, in dem die Spuren der Trinität erkennbar werden.
Der heutige Predigttext ist ein Hymnus auf den dreieinigen Gott im ersten Kapitel des Epheserbriefes.

Gelobt sei Gott, der Vater unseres Herrn Jesus Christus, der uns gesegnet hat mit allem geistlichen Segen im Himmel durch Christus. Denn in ihm hat er uns erwählt, ehe der Welt Grund gelegt war, dass wir heilig und untadelig vor ihm sein sollten in seiner Liebe. Er hat uns dazu vorherbestimmt, seine Kinder zu sein durch Jesus Christus nach dem Wohlgefallen seines Willens, zum Lob seiner herrlichen Gnade, mit der er uns begnadet hat in dem Geliebten.

In ihm haben wir die Erlösung durch sein Blut, die Vergebung der Sünden, nach dem Reichtum seiner Gnade, die er uns reichlich hat widerfahren lassen in aller

Weisheit und Klugheit. Denn Gott hat uns wissen lassen das Geheimnis seines Willens nach seinem Ratschluss, den er zuvor in Christus gefasst hatte, um ihn auszuführen, wenn die Zeit erfüllt wäre, dass alles zusammengefasst würde in Christus, was im Himmel und auf Erden ist.

In ihm sind wir auch zu Erben eingesetzt worden, die wir dazu vorherbestimmt sind nach dem Vorsatz dessen, der alles wirkt nach dem Ratschluss seines Willens; damit wir etwas seien zum Lob seiner Herrlichkeit, die wir zuvor auf Christus gehofft haben.
In ihm seid auch ihr, die ihr das Wort der Wahrheit gehört habt, nämlich das Evangelium von eurer Seligkeit – in ihm seid auch ihr, als ihr gläubig wurdet, versiegelt worden mit dem Heiligen Geist, der verheißen ist, welcher ist das Unterpfand unsres Erbes, zu unsrer Erlösung, dass wir sein Eigentum würden zum Lob seiner Herrlichkeit.

In diesem Hymnus auf den dreieinigen Gott wird uns gleichzeitig die Geschichte unseres Menschseins gesungen. Vater, Sohn und Heiliger Geist sind ineinander gewirkt und in jede Windung, jeden Mäander dieses trinitarischen Musters sind auch wir Menschen mit verwoben. So entsteht ein vielschichtiger Gesang des Lebens in drei Strophen mit jeweils vier Versen.
Weit davon entfernt ist der Epheserautor, eine dogmatische Abhandlung zu verfassen, auch wenn es beim ersten Hören vielleicht so klingen sollte und auch, wenn er seine Dogmatik gut beieinander hat.
Er beginnt mit Lob: „Gelobt sei Gott" und er endet mit Lob „dass wir sein Eigentum würden zum Lob seiner Herrlichkeit." So ist das Lob die Klammer und der tiefe Grundstrom einer schier unendlichen Fülle von Gottesweisheit.

Die erste Strophe: Der Vatergott und die Erwählung

„Gelobt sei Gott, der Vater unseres Herrn Jesus Christus" – wir könnten leicht darüberhin lesen als einer theologischen Formel, die wir gut kennen. Aber ich möchte hier schon innehalten. Gott – wer ist das? Wer hat ihn je gesehen? Zu wem hat er je gesprochen? Ist er „der unbewegte Beweger"? Ist er „das höhere Prinzip, das alles durchwaltet"? Ist er jene Stimme der Sehnsucht in mir? Dieses nicht endende Suchen? Wer er auch sei: Er ist der Vater unseres Herrn Jesus Christus. Gott ist der Vater. Vater ist niemand von selbst. Vater wird man nur durch ein Kind. Erst wenn ein Kind auf der Welt ist, wird ein Mann zum Vater. Erst seit Jesus Christus auf der Welt erschienen ist, wissen wir dies, dass Gott Vater ist (was nicht heißt, dass er Mann ist). Wenn wir uns das Leben, Sterben und Auferstehen Jesu vor Augen führen, das uns in den Evangelien überliefert ist, dann sehen wir darin Gottes Väterlichkeit (und mitunter auch seine Mütterlichkeit).

Nun hat das Wort Vater für verschiedene Menschen einen unterschiedlichen Klang – manche sind auf ihren Vater nicht gut zu sprechen. Er war nie für sie da, er hat sie nicht geachtet, Väter können sich in jeder Weise ihren Kindern gegenüber auf das Schlimmste daneben benehmen. Gott, der Vater unseres Herrn Jesus Christus aber ist der Vater des Lebens – nirgendwo wird das deutlicher als in der Auferstehung Jesu.

Gott, der Vater des Lebens, auch unseres Lebens. Wir wissen ja, dass wir uns nicht selbst gemacht haben und uns nicht uns selbst verdanken. Auch unsere Kinder sind nicht unser Werk, Lebensgeschenke sind sie von Gott. „Er hat uns erwählt, ehe der Welt Grund gelegt war." Das finde ich den bemerkenswertesten Satz in dieser ersten Strophe. Denn dieser Satz sagt mehr, als dass Gott unser Schöpfer ist. Erwählung ist mehr als Schöpfung. Das Geschaffensein verbindet uns mit allem Irdischen, mit Pflanzen und Tieren. Erwählt aber sind nur die Menschen. Und das, noch bevor irgendetwas sonst war – ehe der Welt Grund gelegt war – da wollte Gott schon, dass wir sind. Nicht nur, dass wir sind, sondern dass wir auf ihn bezogen sind. Wir kennen den Ausdruck Erwählung sonst von Israel, er hat Israel erwählt aus den Völkern. Aber hier erfährt das Wort eine Erweiterung über Israel hinaus: Er hat uns erwählt, uns die Gemeinde in Ephesus, uns alle Christen, uns also, die wir hier sind und deshalb auch: Jeden von uns. Jede von uns darf sich als erwählt betrachten, Kind Gottes zu sein, zu seinem Lob zu leben und heilig und untadelig vor ihm zu sein.

So, in diesem Bewusstsein dürfen wir jeden Morgen aufstehen und den Tag begrüßen, an die Arbeit zu gehen, den Alltag leben, ein Kind Gottes, erwählt schon vor aller Zeit, heilig und untadelig.

Aber – stimmt da nicht irgendetwas nicht? So sind wir doch gar nicht, wenn wir genau hinschauen und wenn wir ehrlich sind, haben wir jede Menge Fehler und ganz so heilig sind wir auch nicht, selbst wenn wir es ernst meinen – oder gerade wenn wirs ernst meinen, wissen wir das doch.

Die zweite Strophe: Jesus Christus und die Erlösung

Die zweite Strophe weiß vom Dunklen in uns. Sie handelt von Christus und der Erlösung. „In ihm haben wir die Erlösung durch sein Blut, die Vergebung der Sünden, den Reichtum seiner Gnade." Erlösung und Vergebung der Sünden – in diesen Worten wird deutlich, dass nicht alles nur hell und gut ist. Viel Dunkles ist da, viel Erlösungsbedürftigkeit. Väter und Mütter haben Vergebung nötig, jeder, der Kind war, ist schuldig geworden – ganze Völker sind übereinander hergefallen und tun es noch, errichten Mauern und Gräben. Menschen wird das Leben und die Gerechtigkeit verweigert. Aber all das Dunkel, das unsere Welt und unser Leben verhüllt, wird in diesem Lied von Christus her gesehen, so wie ja auch Gott von Christus her gesehen wird. Von Christus her ist das Dunkel unseres Lebens schon erhellt. „In ihm haben wir die Erlösung durch sein Blut, und die Vergebung der Sünden". In ihm ist die Auferstehung in unser Leben hineingekommen und alles wandelt sich durch ihn – das ist der Reichtum seiner Gnade, die er uns reichlich hat widerfahren lassen in aller Weisheit und Klugheit. Er ist der weite Raum, auf den unsere Füße gestellt sind. Aber nicht nur erlöst sind wir in Christus, wir wissen durch ihn auch, dass dieser ganzen Welt kein böses, sondern ein gutes Ende beschieden ist. Der einzelne Mensch, das kleine, große Ich und die Weite des Universums: In Christus wird einmal alles zusammengefasst, was im Himmel und auf der Erde ist.

Die dritte Strophe: Der Heilige Geist und die Versiegelung
Die dritte Strophe ist natürlich dem Heiligen Geist gewidmet – er ist es, der wirkt, dass wir die Gnade Gottes und das, was Christus für uns getan hat, auch erkennen können. Er ist das Unterpfand unseres Erbes, durch den wir wissen, dass all das Gute nicht erst im ewigen Leben oder am Ende der Welt stattfinden wird, sondern jetzt schon in unserem Leben stark und kräftig werden kann; dass Vergebung geschieht, Trauer sich wandelt, Zweifel in Gewissheit übergeht und Misstrauen in Vertrauen. Der Heilige Geist wirkt an uns, wenn wir ihn lassen und er ist niemand anderes als der Geist, der von Gott dem Vater ausgeht und den Jesus Christus uns gesandt hat, der lebenschaffende, heilende Geist. Ganz eng ist er mit dem Wort der Wahrheit verbunden: Er wirkt so, dass wir das Wort, das wir von Gott hören, als Wahrheit erkennen. Das ist ja ein großes Glück in unserer wortreichen Welt des Geschwätzes und der Halbwahrheit, ein Wort inmitten vieler anderer Worte als Wort der Wahrheit zu erkennen, vielleicht als unsere Zuflucht, wenn wir bedroht werden, oder wenn alles in Zweifel und Ungewissheit zu versinken droht, vielleicht auch als Maßstab, von dem her sich alles ordnet, was uns chaotisch erscheint, dass das Wichtige sich vom Unwichtigen scheidet.
Da gibt es in unserer dritten Strophe noch dieses merkwürdige Bild, dass der Heilige Geist uns versiegelt hat, als wir gläubig wurden. Versiegelt, was heißt das? Zwei Ideen dazu: Auf ein wichtiges Dokument kam früher ein Siegel. Damit war deutlich gemacht, wem es gehört und dass niemand Unbefugtes dieses Siegel öffnen darf. Versiegelt mit dem Heiligen Geist heißt: Du gehörst zu Gott. Niemand und nichts kann dir deine Würde nehmen. Die zweite Idee:

Ein Boden, der versiegelt wurde, ist geschützt. Nichts Schädigendes kann in ihn eindringen. Versiegelt sein mit dem Heiligen Geist, das heißt, bei allen Widrigkeiten und Verletzungen des Lebens sind wir geschützt, im Inneren kann unsere Seele nicht zerstört werden – einmal Gottes Kind, immer Gottes Kind; einmal gerettet, für immer gerettet.

Gelobt sei Gott!

Vater, Sohn und Heiliger Geist – im Fest der Trinität lernen wir, auf drei zu zählen, wieder und wieder, damit wir klug werden – damit wir leben und ihn loben. Amen

Trinitatis 2012, Ludwigskirche Freiburg

Verzeichnis der Predigttexte

Alle Bibelstellen werden nach der Übersetzung Martin Luthers, 84er Revision zitiert und sind von Versangaben befreit.

Genesis 12,1-4a	Seite 5
Genesis 23,23-3	Seite 10
Numeri 11,11-17.24.25	Seite 15
Matthäus 6,5-13	Seite 46
Matthäus 9,9-13	Seite 31
Matthäus 9,35-10, 7	Seite 36
Matthäus 13,44	Seite 53
Matthäus 27,33-54	Seite 91
Markus 8,22-26	Seite 63
Lukas 7,36-50	Seite 79
Lukas 22,32-34	Seite 41
Johannes 1,29-34	Seite 21
Johannes 5,1-16	Seite 68
Johannes 7,28.29	Seite 26
Johannes 8,2-11	Seite 63
Johannes 9,1-7	Seite 58
Johannes 17,1-8	Seite 85
1 Korinther 10,16.17	Seite 102
Epheser 1,3-14	Seite 107
Kolosser 1,24-27	Seite 97

Printed by Books on Demand GmbH, Norderstedt / Germany